企业财务会计创新研究

李　刚　许芳翼◎著

中国商业出版社

图书在版编目（CIP）数据

企业财务会计创新研究 / 李刚，许芳翼著. -- 北京：中国商业出版社，2023.12
ISBN 978-7-5208-2803-1

Ⅰ. ①企… Ⅱ. ①李… ②许… Ⅲ. ①企业管理—财务会计—研究 Ⅳ. ①F275.2

中国国家版本馆CIP数据核字(2023)第246664号

责任编辑：吴倩

中国商业出版社出版发行
（www.zgsycb.com　100053　北京广安门内报国寺1号）
总编室：010-63180647　编辑室：010-83128926
发行部：010-83120835/8286
新华书店经销
北京七彩京通数码快印有限公司印刷
*
710毫米×1000毫米　16开　10.25印张　191千字
2023年12月第1版　2023年12月第1次印刷
定价：50.00 元
* * * *
（如有印装质量问题可更换）

前　　言

企业财务会计创新研究是一项专注于探索和分析现代企业财务会计领域中创新实践与理论发展的学术活动。该研究旨在通过深入探讨会计信息处理、报告、分析和决策支持等方面的创新方法，来提升企业财务透明度和会计信息的决策有用性。其研究内容广泛，包括但不限于会计信息系统的数字化转型、大数据与人工智能在会计领域的应用、会计准则的国际协调与创新、企业社会责任会计的实践与理论，以及会计教育与职业发展的创新路径等。通过这一研究，可以为会计专业人士提供新的视角和工具，以适应快速变化的商业环境和市场需求，同时为政策制定者提供决策支持，促进会计行业的健康发展。

本书首先从企业财务会计理论介绍入手，针对企业财务会计管理内容及其创新进行了分析与研究；其次对企业财务会计模式创新做了一定的介绍；最后对企业财务会计工作的创新、大数据时代财务会计的创新实践做了研究。与同类著作相比，本书观点新颖，资料翔实，内容丰富，用科学严谨的语言比较全面地论述了现代企业财务会计的工作内容，充分地反映了现代企业财务会计工作新进展，以使读者对现代先进的会计理论与方法有全面、系统的了解。本书既是对现代企业财务会计工作与现代企业管理会计工作实践的总结，也是对企业财务会计与管理会计融合发展的探索。

在本书撰写的过程中，我们得到了很多宝贵的建议，谨在此表示感谢。同时参阅了大量的相关著作和文献，在参考文献中未能一一列出，在此向相关著作和文献的作者表示诚挚的感谢和敬意，同时也请对撰写工作中的不周之处予以谅解。由于作者水平有限，加之编写时间仓促，书中难免会有疏漏不妥之处，恳请专家、同行不吝批评指正。

著　　者

目　录

第一章　企业财务会计理论 …… 1
第一节　财务会计的基础知识 …… 1
第二节　财务会计的职能和特点 …… 20
第三节　企业财务会计与税务会计的差异和协调 …… 25

第二章　企业财务会计管理内容及其创新 …… 32
第一节　财务会计资产负债管理及其创新 …… 32
第二节　财务会计所有者权益管理及其创新 …… 43
第三节　财务会计收入、费用、利润管理及其创新 …… 51

第三章　企业财务会计模式创新 …… 64
第一节　财务会计管理模式 …… 64
第二节　财务会计模式转型与外包模式应用 …… 78
第三节　管理视角下财务会计管理模式的创新路径 …… 87

第四章　企业财务会计工作创新 …… 98
第一节　新经济时代财务会计工作创新 …… 98
第二节　网络时代会计工作创新 …… 100
第三节　现阶段财务会计工作的创新性发展 …… 115

第五章　大数据时代财务会计的创新实践 …… 126
第一节　会计信息化建设 …… 126
第二节　会计电算化 …… 140
第三节　财务机器人 …… 147

参考文献 …… 153

第一章　企业财务会计理论

第一节　财务会计的基础知识

一、财务会计的定义

财务会计是现代会计的一个分支，它同管理会计相配合并共同服务于市场经济条件下的现代企业。财务会计主要面向不参与企业经营管理而对企业有资源投入或有其他利害关系的外部集团，因此，财务会计又称为“对外报告会计”；管理会计则主要面向负责企业经营管理的经营者（包括企业内部经营管理阶层），因此，管理会计也称为“对内报告会计”。在传统会计的基础上，财务会计具有特定的目标，并由“公认会计原则”（Generally Accepted Accounting Principles，GAAP）加以规范。

根据各国财务会计的理论和实践，结合我国进行会计核算的经验，财务会计可定义如下：在市场经济体制下，建立在企业或其他主体范围内的，旨在为企业或主体外部提供以财务信息为主的一个经济信息系统。这个系统把已发生或已完成的交易与事项中的财务（能用货币表现的）数据作为输入，按照企业会计准则和有关法规、制度的规范要求，运用若干普遍接受的会计惯例，通过确认、计量、记录和报告等程序进行加工，把数据转换为有助于决策和合乎其他目标的有用信息。报告这一程序代表系统的输出，有用信息主要借助财务报表（会计报表）传递给企业外部的使用者。

二、财务会计的目标

（一）财务会计目标的概念

财务会计的目标就是财务会计系统所要达到的目的。财务会计是一个加工、生产会计信息的系统。财务会计系统应为谁提供信息、提供哪些信息、提供信息的用意是什么，这些都是财务会计目标所要解决的问题。

财务会计主要面向企业外部信息使用者，并为其提供信息，当然也为企业内部信息使用者提供信息；既要为与企业有直接经济利益关系的群体提供信息，又要为与企业有间接利益关系的群体提供信息。在市场经济条件下，财务会计的信息使用者一般有投资者或潜在投资者、债权人或供应商、企业管理当局、企业职工、证券交易所、政府部门以及同企业有利害关系的集团与个人。财务会计应为信息使用者提供与企业财务状况、经营成果和现金流量等有关的会计信息。财务会计提供会计信息的用意主要在于帮助信息使用者做出正确的决策。

综上所述，财务会计的目标可概括如下：为财务会计报告使用者提供与企业财务状况、经营成果和现金流量有关的会计信息，反映企业管理层受托责任履行情况，以帮助财务会计报告使用者做出经济决策。

（二）我国财务会计的目标

1. 基本目标

财务会计的基本目标是指在财务会计工作中处于支配地位，起主导作用的目标。由于财务会计是整个经济管理的重要组成部分，因此财务会计的目标应从属于经济管理的总目标，或者说财务会计目标是经济管理总目标下的一个子目标。在我国社会主义市场经济条件下，经济管理的总目标是提高经济效益。所谓提高经济效益，就是在投入一定价值量的情况下，尽可能地收回更多的价值量，或者在收回的价值量一定的情况下，尽可能地减少投入的价值量。因此，作为经济管理重要组成部分的财务会计工作也应该以提高经济效益作为基本目标。

2. 具体目标

财务会计的具体目标是会计基本目标在财务会计工作中的具体化，也称为财务报告的目标。财务会计目标在整个财务会计系统和企业会计准则体系中占据十分重要的地位，是构建会计要素确认、计量和报告原则并制定各项准则的基本出发点。

会计产生和发展的历史表明，人们进行会计活动的主要目标是为会计信息使用者提供决策相关的有用信息。因此，财务会计的目标应主要解决两个问题：第一，为谁提供会计信息；第二，提供什么样的会计信息。

财务会计最初的目标是向财产所有者如实反映财产经营者对受托资源的管理和使用情况，即反映企业管理层受托经济责任的履行情况，从而有助于合理评价企业管理层的经营管理责任和资源使用的有效性，这种观点被称为受托责任观。随着股份制经济的发展以及资本市场的完善，会计信息的使用者逐步扩大为投资者、债权人、政府及其有关部门和社会公众等众多用户，其对会计信息的需求也发生了较大的变化。因此，财务会计的目标转变为“为财务报告的使用者提供对其决策相关的有用信息”，这种观点被称为决策有用观。有关财务会计目标的受托责任观与决策有用观不是对立的，财务会计的目标既可以满足会计信息使用者经济决策的需要，又可以反映企业管理层受托责任的履行情况。各个国家均根据本国的实际情况来确定其财务会计的目标。许多国家财务会计的目标兼顾决策有用和受托责任，即实行双重目标，我国也是其中之一。

我国财务会计的目标是为财务报告使用者提供与企业财务状况、经营成果和现金流量等有关的会计信息，反映企业管理层受托责任履行情况，有助于财务报告使用者做出经济决策。其主要包括以下内容。

（1）为财务报告使用者提供对其决策相关的有用信息

财务会计的主要目标是满足财务报告使用者的信息需要，以帮助财务报告使用者做出经济决策。因此，向财务报告使用者提供对其决策有用的信息是财务报告的基本目标。如果企业在财务报告中提供的会计信息与使用者的决策无关，没有使用价值，那么财务报告就失去了其编制的意义。

根据为财务报告使用者提供对其决策有用的信息这一目标的要求，财务报告所提供的会计信息应当如实反映企业所拥有或者控制的经济资源、对经济资源的要求权以及经济资源要求权的变化情况，如实反映企业的各项收入、费用、利得和损失的金额及其变动情况，如实反映企业的各项经营活动、投资活动和筹资活动等所形成的现金流入和现金流出情况等；从而有助于现在的或者潜在的投资者、债权人以及其他使用者正确、合理地评价企业的资产质量、偿债能力、盈利能力和运营效率等，有助于使用者根据相关会计信息做出理性的投资和信贷决策，有助于使用者评估与投资和信贷有关的未来现金流量的金额、时间和风险等。

（2）反映企业管理层受托责任的履行情况

现代企业制度强调企业所有权与经营权相分离，企业管理层是受委托人之托经营管理企业及其各项资产，负有受托责任，即企业管理层所经营管理的企业各项资产基本均为投资者投入的资本（或者留存收益作为再投资）或者向债权人借入的资金所形成的，企业管理层有责任妥善保管并合理、有效地运用这些资产。尤其是企业投资者和债权人等，需要及时或者经常性地了解企业管理层保管、使用资产的情况，以便评价企业管理层受托责任的履行情况和业绩情况，并决定是否需要调整投资或者信贷政策、是否需要加强企业内部控制和其他制度建设、是否需要更换管理层等。因此，财务报告应当反映企业管理层受托责任的履行情况，以有助于评价企业的经营管理责任和资源使用的有效性。

（3）为国家提供宏观调控所需要的特殊信息

企业是整个国民经济的细胞，是宏观经济的微观个体。没有企业的微观个体，就没有国民经济的宏观整体。企业经营状况的好坏、经济效益的高低直接影响着国民经济的运行情况。虽然我国实行的是社会主义市场经济，但是政府仍然需要通过一定的宏观调控和各项管理措施对国民经济运行情况加以调节，需要借助对企业会计所提供的会计信息的分析，了解、掌握和判断国民经济的运行情况，以便制定有效的宏观调控措施和管理办法，促进国民经济健康、有序、稳定地发展。

（4）加强经营管理，提高整体经济效益

企业经营管理水平的高低直接影响着企业的经济效益、经营风格、竞争能力和发展前景，在一定程度上决定着企业的前途和命运。为了满足企业内部经营管理对会计信息的需要，现代会计已经发展了以满足内部经营管理需要为主的管理会计。但是，这并不意味着企业内部经营管理不需要财务会计信息。实际上，通过分析和利用财务会计所提供的有关企业财务状况、经营成果和现金流量等方面的信息，企业领导人就可以全面、系统地了解企业生产经营活动情况、财务情况和经营成果，并在此基础上预测和分析未来发展前景；可以发现过去经营活动中存在的问题，找出存在的差异及原因，并提出改进措施；可以通过预算的分解和落实，建立起内部经济责任制，从而做到目标明确、落实责任、考核严格、赏罚分明。要做到这一点，没有会计所提供的真实、完整的信息，几乎是不可能的。会计通过真实地反映企业的权益结构，为处理企业与各方面的关系、考核企业管理人员的经营业绩、落实企业内部管理责任奠定了基础，也使会计信息真正成为企业加强经营管理、提高经济效益的基础。

三、财务会计的要素

财务会计作为一个信息生产系统，必然存在相应的会计对象，但是由于会计对象是一个抽象的概念，因此从会计对象到具体的会计信息必须经过一个从抽象到具体的处理步骤。这一具体化的步骤要先将财务会计对象进行初次分类以形成会计要素，会计要素即会计核算对象的具体化形式，通俗意义上的要素就是财务报表的基本组成部分。

（一）六大要素

1. 资产

资产是指企业过去的交易或者事项形成的、由企业拥有或者控制的、预期会给企业带来经济利益的资源。其中，企业过去的交易或者事项包括购买、生产、建造行为、其他交易或者事项，预期在未来发生的交易或事项不形成资产；由企业拥有或者控制是指企业享有某项资源的所有权，或者虽然不享有某项资源的所有权，但是该资源能被企业所控制；预期会给企业带来经济利益是指直接或间接导致现金及现金等价物流入企业的潜力。资产在符合上述定义的同时必须符合以下两个条件：一是与该资源有关的经济利益很可能流入企业；二是该资源的成本或者价值能够可靠地计量。

2. 负债

负债是指企业过去的交易或事项形成预期会导致经济利益流出企业的现时义务。上述定义中的现时义务是指企业在现行条件下已承担的义务，不包括未来发生的交易或事项形成的义务。同样，符合定义的义务还必须满足以下条件才能确认为负债：一是与该义务有关的经济利益很可能流出企业；二是未来流出企业的经济利益的金额能够可靠地计量。

3. 所有者权益

所有者权益是指企业资产扣除负债后由所有者享有的剩余权益。公司的所有者权益被称为股东权益。所有者权益的来源包括所有者投入的资本、直接计入所有者权益的利得和损失、留存收益等。其中，直接计入所有者权益的利得和损失是指不应计入当期损益、会导致所有者权益发生增减变动、与所有者投入资本或者向所有者分配利润无关的利得或者损失。

4. 收入

收入是指企业在日常活动中形成的、会导致所有者权益增加的、与所有者投入资本无关的经济利益的总流入。根据收入的定义，收入具有以下 3 个方面的特征。

（1）收入由企业日常活动所形成

日常活动是指企业为完成其经营目标所从事的经常性的活动以及与之相关的活动，如工业企业制造并销售产品、商业企业销售商品等。

（2）收入会导致经济利益的流入

收入使企业资产增加或者负债减少，但这种经济利益的流入不包括由所有者投入资本的增加所引起的经济利益流入。

（3）收入最终导致所有者权益增加

因收入所引起的经济利益流入使企业资产增加或者负债减少，最终导致所有者权益增加。收入按企业从事日常活动的性质不同可分为销售商品收入、提供劳务收入和让渡资产使用权收入；按企业经营业务的主次不同可分为主营业务收入和其他业务收入。

5. 费用

费用是指企业在日常活动中发生的、会导致所有者权益减少的、与向所有者分配利润无关的经济利益的总流出。费用确认需满足的条件是经济利益很可能流出，从而导致企业资产减少或者负债增加；同时，经济利益的流出额能够可靠地计量。

6. 利润

利润是指企业在一定会计期间的经营成果。利润包括收入减去费用后的净额、直接计入当期利润的利得和损失等。其中，直接计入当期利润的利得和损失是指应当计入当期损益、会导致所有权发生增减变动的、与所有者投入资本或者向所有者分配利润无关的利得或损失。

（二）财务会计要素的确认与计量

1. 财务会计要素的确认

所谓“确认”，是将某一项目作为一项资产、负债、所有者权益、营业收入、费用或其他要素正式地加以记录并列入财务报表的过程。确认主要解决两个方面的问题：一是何时以何种金额并通过何种账户记录；二是何时以何种金额并通过何种要素列入财务报告。

确认时间的选择涉及判断，其中最具代表性的当属收入的确认。同时，确认涉及计量问题时，若某一项目符合定义但无法计量，则无从确认。此外，确认还涉及人们对会计信息质量的倚重。例如，当重视会计信息的可靠性时，就会采用收付实现制和权责发生制为确认标准，无论是平时记录还是财务报表上披露的量度都按历史成本来表现。也就是说，必须按一个确定性的时间、金额来确认一项要素。当重视会计信息的相关性时，就有可能撇开实现原则，而确认价格变动的影响，其结果又反过来影响计量基础的选择。

（1）资产的确认条件

将一项资源确认为资产，其先要符合资产的定义。除此之外，需要同时满足以下两个条件：①与该资源有关的经济利益很可能流入企业。根据资产的定义，能够带来经济利益是资产的一个本质特征，但是由于经济环境瞬息万变，与资源有关的经济利益能否流入企业或者流入多少，实际上带有不确定性。因此，资产的确认应当与对经济利益流入的不确定性程度的判断结合起来，如果根据编制财务报表时所取得的证据，与该资源有关的经济利益很可能流入企业，那么就应当将其确认为资产。②该资源的成本或者价值能够可靠地计量。可计量性是所有会计要素确认的重要前提，资产的确认也不例外。只有当有关资源的成本或者价值能够可靠地计量时，资产才能够予以确认。在实务中，企业取得的许多资产都需要付出成本。例如，企业购买或者生产的存货、企业购置的厂房或者设备等，对于这些资产，只有实际发生的成本或者生产成本能够可靠地计量，才能视为符合资产确认的可计量条件。在某些情况下，企业取得的资产没有发生实际成本或者发生的实际成本很小。例如，企业持有的某些衍生金融工具形成的资产，对于这些资产，尽管它们没有实际成本或者发生的实际成本很小，但若其公允价值能够可靠地计量，也被认为符合资产可计量性的确认条件。

（2）负债的确认条件

将一项义务确认为负债，其先要符合负债的定义。除此之外，需要同时满足以下两个条件：①与该义务有关的经济利益很可能流出企业。预期会导致经济利益流出企业是负债的一个本质特征，鉴于履行义务所需流出的经济利益带有不确定性，尤其是与推定义务相关的经济利益通常需要依赖大量的估计，因此，负债的确认应当与对经济利益流出的不确定性程度的判断结合起来。如果根据编制财务报表时所取得的证据判断，与现时义务有关的经济利益很可能流出企业，那么就应当将其作为负债予以确认。②未来流出经济利益的金额能够可靠地计量。负债的确认也需要符合可计量性的要求，即对未来经济利益流出的金额能够可靠地计量。对于与法定义务有关的经济利益流出金额，通常可以根据合同或者法律规定的金额予以确定。考虑到经济利益的流出一般发生在未来期间，有时未来的期间还很长，在这种情况下，有关金额的计量通常需要考虑货币时间价值等因素的影响。对于与推定义务有关的经济利益流出金额，通常需要进行较大程度的估计。为此，企业应当根据履行相关义务所需支出的最佳估计数进行估计，并综合考虑货币时间价值、风险等因素的影响。

（3）所有者权益的确认条件

由于所有者权益体现的是所有者在企业中的剩余权益，因此所有者权益的确认主要依赖其他会计要素，尤其是资产和负债的确认。所有者权益金额的确定也主要取决于资产和负债的计量。例如，企业接受投资者投入的资产符合企业资产确认条件时，就相应地符合了所有者权益的确认条件；当该资产的价值能够可靠地计量时，所有者权益的金额也就可以确定。

（4）收入的确认条件

以前，我们确认一项交易的收入，需要区分适用的准则是收入还是建造合同，如一项交易是销售商品、提供劳务、让渡资产使用权还是建造合同。现在，这些区分统统可以丢掉了。无论何种交易，统统融入五步法这个大框里，一步一步地“筛出”确认收入的事项和金额。

（5）费用的确认条件

费用的确认除了应当符合定义，还应当满足以下三个条件：一是与费用相关的经济利益很可能流出企业；二是经济利益流出企业的结果会导致资产减少或者负债增加；三是经济利益的流出额能够可靠地计量。

（6）利润的确认条件

利润反映的是收入减去费用再加上利得减去损失后的净额。因此，利润的确认主要依赖收入和费用以及利得和损失的确认，其金额的确定主要取决于收入、费用、利得和损失计量。

2. 财务会计要素的计量

会计计量是为了将符合确认条件的会计要素登记入账，并列报于财务报表而确定其金额的过程。企业在将符合确认条件的会计要素登记入账并列报于财务报表时，应当按照规定的会计计量属性进行计量，进而确定其金额。

（1）会计计量属性的构成

计量属性亦称“计量基础”，是指所予以计量的某一要素的特性方面，例如桌子的长度、楼房的高度、钢筋的重量等。从会计的角度分析，计量属性反映的是会计要素金额的确定基础，它主要包括历史成本、重置成本（现行成本）、可变现净值、现值和公允价值等。

①历史成本。历史成本又称实际成本，是取得或制造某项财产物资时所实际支付的现金或其他等价物。在历史成本计量模式下，资产按照购置时支付的现金或者现金等价物的金额，或者按照购置资产时所付出的代价的公允价值计量；负债按照因承担现时义务而实际收到的款项或者资产的金额，或者承担现时义务的合同金额，或者按照日常活动中为偿还负债预期需要支付的现金或者现金等价物的金额计量。

②重置成本。重置成本又称现行成本，是指按照当前市场条件，重新取得同样一项资产所需支付的现金或现金等价物金额。在重置成本计量模式下，资产按照现在购买相同或者相似资产所需支付的现金或者现金等价物的金额计量；负债按照现在偿付该项债务所需支付的现金或者现金等价物的金额计量。

在实务中，重置成本多应用于盘盈固定资产的计量等。

③可变现净值。可变现净值是指在正常生产经营过程中，预计售价减去进一步加工成本、预计销售费用以及相关税费后的净值。在可变现净值计量模式下，资产按照其正常对外销售所能收到的现金或者现金等价物的金额扣减该资产至完工时估计将要发生的成本、销售费用以及相关税费后的金额计量。可变现净值通常应用于存货资产减值情况下的后续计量。

④现值。现值是对未来现金流量以恰当的折现率进行折现后的价值，是考虑货币时间价值的一种计量属性。在现值计量模式下，资产按照预计从其持续使用和最终处置中所产生的未来净现金流入量的折现金额计量，负债则按照预计期限内需要偿还的未来净现金流出量的折现金额计量。现值通常用于对非流动资产可收回金额和以摊余成本计量的金融资产价值的确定等。例如，在确定固定资产、无形资产等的可收回金额时，通常需要计算预计未来现金流量的现值；对于持有至到期投资等以摊余成本计量的金融资产，通常需要使用实际利率法先将这些资产在预期存续期间内的未来现金流量折现，再通过相应的调整确定其摊余成本。

⑤公允价值。公允价值是指市场参与者在计量日发生的有序交易中出售资产所能收到或者转移负债所需支付的价格。其中，有序交易是指在计量日前一段时期内相关资产或负债具有惯常市场活动的交易。清算等被迫交易不属于有序交易。企业以公允价值计量相关资产或负债，应当假定出售资产或者转移负债的有序交易在相关资产或负债的主要市场进

行。不存在主要市场的，企业应当假定该交易在相关资产或负债的最有利市场进行。公允价值主要应用于交易性金融资产、可供出售金融资产等的计量。

（2）各种会计计量属性之间的关系

在各种会计要素计量属性中，历史成本通常反映的是资产或者负债过去的价值，而重置成本、可变现净值、现值、公允价值通常反映的是资产或考负债的现时成本或者现时价值，是与历史成本相对应的计量属性。当然，这种关系并非绝对。比如，资产或者负债的历史成本有时就是根据交易时有关资产或者负债的公允价值确定的，而在应用公允价值时，当相关资产或负债不存在活跃市场的报价或者不存在同类或者类似资产的活跃市场报价时，需要采用估值技术来确定相关资产或者负债的公允价值。在这种情况下，公允价值就是以现值为基础确定的。另外，公允价值相对于历史成本而言，具有很强的时间概念。也就是说，当前环境下某项资产或负债的历史成本可能是过去环境下该项资产或负债的公允价值，而当前环境下某项资产或负债的公允价值也许就是未来环境下该项资产或负债的历史成本。

（3）会计计量属性的应用原则

企业在对会计要素进行计量时一般采用历史成本。这主要是由于历史成本具有可验证性，符合会计信息质量的可靠性要求。但是，在某些情况下，仅以历史成本作为计量属性，可能难以达到会计信息质量要求，不利于实现财务报告的目标。在这种情况下，企业可以采用其他计量属性。不过，鉴于重置成本、可变现净值、现值、公允价值等其他计量属性往往需要依赖估计，为了使所估计的金额在提高会计信息相关性的同时不影响其可靠性，会计准则要求采用重置成本、可变现净值、现值、公允价值计量的，应当保证所确定的会计要素金额能够取得并可靠计量，否则不允许采用其他计量属性。

四、会计信息质量要求

会计信息质量要求是对企业财务会计报告中所提供的会计信息质量的基本要求，是使财务会计报告提供的会计信息对信息使用者决策有用所应具备的基本特征。会计信息质量要求包括可靠性、相关性、可理解性、可比性、实质重于形式、重要性、谨慎性和及时性。

（一）可靠性

可靠性要求企业应当以实际发生的交易或者事项为依据进行会计确认、计量、记录和报告，如实反映符合确认和计量要求的各项会计要素及其他相关信息，保证会计信息真实可靠、内容完整。企业的会计信息要满足会计信息使用者的决策需要，就必须内容真实、数字准确、资料可靠。如果企业的会计核算不是以实际发生的交易或事项为依据，没有如实反映企业的财务状况、经营成果和现金流量，那么就是不可靠的，极易误导会计信息使用者，会计工作也就失去了意义。

（二）相关性

相关性要求企业提供的会计信息应当与财务会计报告使用者的经济决策需要相关，有助于财务会计报告使用者对企业过去、现在或者未来的情况做出评价或者预测。

会计信息是否有用、是否有价值，在于其是否与会计信息使用者的决策需要相关，是否有助于决策或者提高决策水平。一般认为，具备相关性的会计信息应当在保证及时性的前提下，具备反馈价值和预测价值，即能够有助于信息使用者评价企业过去的决策，证实或者修正有关预测，并根据会计信息预测企业未来的财务状况、经营成果和现金流量。通常，我国企业的会计信息必须满足 3 个方面的需要：一是符合国家宏观经济管理的要求；二是满足有关各方面了解企业财务状况和经营成果的需要；三是满足企业内部加强经营管理的需要。

值得注意的是，会计信息的相关性应以可靠性为基础，应在可靠性的前提下尽可能做到相关性，不能把两者对立起来。

（三）可理解性

可理解性要求企业的会计信息应当清晰明了，便于财务会计报告使用者理解和使用。可理解性要求会计记录和财务会计报告必须清晰明了、简明扼要，数据记录和文字说明能一目了然地反映经济活动的来龙去脉。可理解性要求的前提是信息使用者必须具备一定的与企业经营活动相关的会计知识，并愿意付出努力去研究这些信息。

（四）可比性

可比性要求企业提供的会计信息应当具有可比性，具体包括下列要求。

1. 同一企业不同时期可比（纵向可比）

同一企业不同时期发生的相同或相似的交易或事项应当采用一致的会计政策，不得随意变更。但是，当企业按照规定或会计政策变更后可以提供更可靠、更相关的会计信息时，就有必要变更会计政策，以便向财务会计报告使用者提供更为有用的信息，同时，有关会计政策变更的情况应当在附注中予以说明。

2. 不同企业相同会计期间可比（横向可比）

不同企业相同会计期间发生的相同或相似的交易或事项应当采用规定的会计政策，确保会计信息口径一致、相互可比。对于相同或相似的交易或事项，不同企业应当采用一致的会计政策，以使不同企业按照一致的确认、计量和报告基础提供有关会计信息，便于企业之间财务信息的对比分析。

（五）实质重于形式

实质是指经济实质，形式是指法律形式。实质重于形式要求企业按照交易或事项的经济实质进行会计确认、计量和报告，不应仅以交易或事项的法律形式为依据。如果企业仅以交易或事项的法律形式为依据进行会计确认、计量和报告，那么就容易导致会计信息失真，无法如实反映经济现实和实际情况。

在多数情况下，企业发生的交易或事项的经济实质和法律形式是一致的，但有时候也会出现不一致。例如，企业以融资租赁方式租入的固定资产，从法律形式上看，企业并不拥有其所有权，但是由于租赁合同中规定的租赁期较长，接近该资产的使用寿命，租赁期结束时承租方有优先购买该资产的选择权，在租赁期内承租方有权支配该资产并从中取得收益。从其经济实质上看，承租方能够控制融资租入固定资产所创造的未来经济利益，所以承租方依据“实质重于形式”的要求将融资租入的固定资产确认为本企业资产，并反映在资产负债表中。

（六）重要性

如果企业会计信息的省略或错报会影响使用者据此做出经济决策，那么该信息就具有重要性。

重要性要求企业在会计核算过程中对重要的经济业务或事项重点核算，充分披露，而对不重要的经济业务或事项进行简化、合并反映。也就是说，在符合全面性要求的前提下，企业会计核算要有所侧重。

重要性的应用需要依赖职业判断，企业应当根据所处环境和实际情况，从项目的性质和金额两个方面来判断其重要性。从项目性质上看，当某一项交易或事项会影响使用者据以做出决策时，该交易或事项就具有重要性；从项目金额上看，当某一项交易或事项的金额达到一定规模时，该交易或事项就具有重要性。

（七）谨慎性

谨慎性要求企业对交易或事项进行会计确认、计量和报告时应当保持应有的谨慎，不应高估资产或者收益、低估负债或者费用。

谨慎性要求企业在面临不确定性因素的情况下做出职业判断时应当保持应有的谨慎，充分估计各种风险和损失，既不高估资产或收益，又不低估负债或费用。例如，企业计提相关资产的减值准备就体现了谨慎性的要求。

但是，谨慎性的应用并不允许企业设置秘密准备。如果企业故意低估资产或者收益，或者故意高估负债或者费用，就不符合会计信息的可靠性和相关性要求，不仅会损害会计信息质量，还可能扭曲企业实际的财务状况和经营成果，从而对使用者的决策产生误导。

（八）及时性

及时性要求企业对已经发生的交易或事项及时进行确认、计量和报告，不得提前或者延后。及时性主要包括以下三个方面要求：①及时收集会计信息。在有关交易或事项发生时，及时收集和整理有关原始单据或凭证。②及时处理会计信息。要按企业会计准则的规定，及时对有关交易或事项进行确认、计量，及时编制财务会计报告。③及时传递会计信息。要按照国家规定的有关时限，及时将编制的财务会计报告传递给财务会计报告使用者，便于其及时使用和决策。

五、财务管理的价值观念

财务管理的价值观念是指财务活动主体在进行财务决策和实施财务决策过程中应具备的价值理念，主要包括资金时间价值观念和风险价值观念。

（一）资金时间价值观念

1. 资金时间价值的概念

在金融和财务管理中，资金时间价值的概念确实非常关键。它基于一个核心前提：一单位的货币在今天拥有的购买力要大于在未来拥有的购买力。这个概念在投资决策、融资决策、资本成本计算、估值和其他许多财务领域的应用非常普遍。资金的时间价值是金融决策的基石，通过理解和运用这一概念，投资者和企业能做出更明智的金融决策。

2. 资金时间价值的表示

资金时间价值的基本原理是：一定量的货币在不同时间点的价值是不同的。通常来说，现在拥有的货币价值大于将来某一时间点相同数额的货币。

在财务学中，资金时间价值常常通过以下几种方式表达和计算。

（1）简单利息法

简单利息是基于原始投资或本金来计算利息的方法。

（2）复利法

复利计算考虑了利息的利息。

（3）现值公式

现值表示将未来一笔或一系列现金流折算到现在的价值。

（4）现值的公式（多期）

当我们考虑多期（多次）的现金流时，每期现金流的现值可以相加。

（5）净现值（NPV）

净现值是评估项目投资价值的一种方法。

(6) 内部收益率（IRR）

内部收益率是使项目 NPV 为 0 的折现率。

（二）风险价值观念

风险价值是现代财务管理的基本概念之一，企业很多财务决策均要考虑风险价值因素，因此，熟练掌握风险价值的计量及应用是财务管理人员必须具备的基本技能。

1. 风险的概念

在财务和经济学中，风险通常被理解为未来结果的不确定性，尤其是那些偏离预期或目标的结果。它涵盖了预期结果的整个分布范围，包括所有可能的结果，从最糟糕到最好。风险管理是一个复杂的过程，要求管理者在多个层面进行均衡和决策。理解风险的概念、种类和衡量方法是成功风险管理的前提。

2. 风险的分类

风险可以按照多种不同的方式进行分类。一些常见的风险分类方法包括按照风险的性质、来源、影响程度等进行划分。以下是一些通用的风险分类。

(1) 根据风险来源分类

内部风险：来自组织内部的风险，如员工、技术、流程和系统等。

外部风险：来自组织外部的风险，如经济、法规、环境、市场和竞争对手等。

(2) 根据风险性质分类

金融风险：涉及金钱和市场变动的风险。

市场风险：与市场有关的价格波动风险。

信用风险：债务违约或者支付失败的风险。

非金融风险：金融风险之外的其他风险，如操作风险和战略风险。

(3) 根据风险的影响程度分类

关键风险：可能对组织造成极大损失的风险。

重大风险：可能导致明显损失的风险，但影响较关键风险小。

一般风险：对组织影响有限的风险。

(4) 根据可控性分类

可控风险：通过内部控制可以降低或消除的风险。

不可控风险：即使有最佳的内部控制系统，也无法完全消除的风险。

(5) 根据时间尺度分类

长期风险：可能在未来几年内发生的风险。

短期风险：可能在几个月内发生的风险。

(6) 特定领域的风险分类

战略风险：与企业的战略目标和方向有关的风险。

合规风险：与法律和法规的遵守有关的风险。

运营风险：与企业的日常运营和管理过程有关的风险。

技术风险：与技术创新和应用有关的风险。

(7) 其他分类方式

系统性风险：影响整个市场或经济体的风险。

非系统性风险：只影响某一特定组织或行业的风险。

不同的组织或行业可能还有特定的风险分类方式，以便更准确地描述和管理特定领域的风险。风险分类是风险管理的基础步骤，有助于更系统和有组织地进行风险识别、评估和处理。

3. 风险的衡量

风险的衡量是风险管理过程的一个关键部分，它涉及确定和量化一个组织可能面临的不确定性和潜在损失。风险衡量通常会考虑到风险的概率（发生的可能性）和影响（若发生的潜在损失或影响）。以下是衡量风险的一些通用方法和工具。

(1) 风险矩阵

风险矩阵是一种常用的工具，用于确定风险的优先级。它通常基于两个主要的维度：风险概率和风险影响。

风险概率：风险发生的可能性，可以基于历史数据、专家意见等来估算。

风险影响：如果风险发生，它可能导致的损失或影响的程度。

(2) 标准差和方差

在金融领域，标准差和方差通常用于衡量资产回报的波动性，作为风险的度量。

标准差：表示投资回报率的波动程度。

方差：标准差的平方，描述回报的分散程度。

(3) Value at Risk (VaR)

VaR 是金融领域广泛使用的一种风险衡量方法。它试图量化在一定置信水平和预定时间周期内，一个投资组合潜在的最大损失。

(4) 敏感性分析

敏感性分析主要用于确定不同变量的变化如何影响一个项目或投资的净现值、内部回报率等。这可以帮助决策者了解哪些变量对结果影响最大。

(5) 模拟分析

通过构建模型并运行多个场景（通常是通过蒙特卡罗模拟）来评估风险的影响。模拟分析允许在模型中同时改变多个变量。

(6) 风险敞口分析

评估当特定风险发生时，组织可能面临的潜在损失，以及该风险对组织目标的影响。

(7) 因果分析

评估某一事件或变量的变化是如何并在何种程度上影响另一变量的。

(8) 尾部风险度量

例如，条件 VaR (CVaR)，用于衡量不利于投资组合的极端事件中潜在损失的大小和概率。

以上这些方法在实践中可能单独使用，也可能组合使用。合适的风险衡量方法的选择将依赖于特定的风险种类、可用的数据、组织的特定环境，以及风险衡量的目标。不同的方法可能适用于不同类型的风险和不同的组织环境。

4. 风险报酬的计算

风险和收益之间通常存在一种交换关系。在财务理论和投资实践中，这种关系通常被认为是正相关的，即要实现更高的预期收益通常需要承担更高的风险。这种风险—收益权衡的概念在企业决策和投资管理中起着至关重要的作用。以下几点进一步阐述了风险与收益的关系。

(1) 风险与收益的权衡

投资者和企业家在考虑投资或经营决策时，必须权衡风险和潜在收益。高风险投资可能带来更高的收益，但同时也带有更高的损失概率。低风险投资通常预期的收益较低，但更为稳定。

(2) 资本资产定价模型 (CAPM)

CAPM 是一个描述资产预期回报与风险之间关系的模型。它断言，一个资产的预期回报等于无风险利率加上风险溢价（即市场预期回报与无风险利率之差与资产的 Beta 系数（系统风险）的乘积）。

(3) 风险管理

合理的风险管理旨在理解、度量和控制风险，以在保证风险在可接受范围内的前提下最大化收益。这可能包括多种投资策略、套期保值策略或其他风险转移工具的使用。

(4) 投资组合理论

根据马科维茨的现代投资组合理论 (MPT)，投资者可以通过分散投资，将特定的风险（非系统风险）降至最低，而保留系统风险，从而在给定的风险水平上实现最大化的预期收益。

（5）业务决策

在进行业务决策，如推出新产品、扩张到新市场或进行收购时，企业需要评估预期收益和相关风险。战略计划需要平衡这些因素，以确保在寻求增长的同时，不会过度暴露于不可接受的风险之中。

在实践中，精细化的风险管理和深入的分析能够帮助投资者和企业更好地理解风险—收益权衡，以实现其财务和业务目标。

六、会计基本假设与会计基础

（一）会计基本假设

科学来源于假设，假设是科学研究与科学实践的基础。会计假设是会计研究的支柱，也是财务会计的基本前提。

会计基本假设体现了财务会计的基本特征，是指在特定的经济、政治和社会环境下，决定会计运行和发展的基本前提和制约条件。会计作为一个信息系统，其运行需要有一定的空间领域和时间范围，即适当的经济环境。由于在此环境中存在着一些尚未确知以及尚未证实的因素，因此，要想建立会计理论的基本框架，不得不对这些不确定因素做出某些合乎逻辑的假定，即会计假设。

会计假设不是科学定律，只是人为的共同认定，并在会计实践中共同遵守。一旦出现包括经济、政治及法律在内各种因素所造成的环境变迁，基本假设亦必然随之改变。

当今世界各国都规定以本国的会计核算为基本前提，我国在《企业会计准则》中规定了四条会计核算的基本前提，即会计主体、持续经营、会计分期、货币计量。会计核算对象的确定、会计政策的选择、会计数据的收集等，都要以基本前提为依据。

1. 会计主体

会计主体，又称会计实体、会计个体，指的是会计工作为之服务的特定对象。它规范了企业会计确认、计量和报告的空间范围。

开展会计工作，应解决为谁工作的问题，即为谁记账、报账、算账。会计所要反映的是特定主体的经济活动，是该特定主体的财务状况、经营成果和现金流量。只有明确了会计核算的对象，才能将会计所要反映的对象与包括所有者在内的其他经济实体区分开来，才能保证会计核算工作的正常开展。

只有明确了会计主体，才能划定会计所要处理的各项交易或事项的范围。在会计核算过程中只有那些影响核算对象本身经济利益的各项交易或事项才能加以确认和计量，其资产和负债的确认、收入的取得、费用的发生等，都是针对特定的会计主体而言的。反之，对那些不影响核算对象本身经济利益的各项交易或事项也就不能加以确认和计量。

只有明确了会计主体，才能把特定会计主体的经济活动与其他会计主体的经济活动严格分开。例如，特定主体销售商品时，若不考虑税金，则会形成一笔收入，同时增加一笔资产或减少一笔负债，而不是相反；特定主体采购原材料时，会导致现金减少、存货增加，或者存货与债务同时增加，而不是相反。

只有明确了会计主体，才能将会计主体的经济活动与会计主体所有者的经济活动区分开来。对自然人所创办的独资企业或合伙企业，因其不具备法人资格，法律上视企业的资产和负债为业主和合伙人的资产和负债。这样，无论是会计主体的经济活动，还是会计主体所有者的经济活动，最终都会影响所有者的经济利益。但会计核算工作又只涉及会计主体的经济活动，因而这就要求会计核算上必须将企业作为一个会计主体，以便将会计主体的经济活动与会计主体所有者的经济活动区分开来。

会计主体不同于法律主体。一个法律主体通常是一个会计主体，但一个会计主体却不一定是一个法律主体。会计主体的规模无统一标准，可大可小。会计主体可以是一个单独进行生产经营、在经济上独立、具有法人资格的组织；或者是营利性质的企业，如企业集团、公司、工厂、商场等；或者是非营利性质的事业单位，如机关、学校、科研所、社会团体等。作为会计主体，它必须能够控制经济资源并对此经济资源负法律责任。一般而言，会计主体都必须进行独立核算。

2. 持续经营

企业的存在状况分为两种类型：一是持续经营，二是停业清算。持续经营，是指企业或会计主体的生产经营活动在可预见的将来能够按当前的规模和状态继续经营下去，并实现其既定的目标，既不会停业，也不会大规模削减业务。在持续经营前提下，会计核算应当以企业持续、正常的生产经营活动为前提，即企业将按原定的用途去使用现有的资产，也将按现时承诺的条件去清偿各种债务。

会计核算只有以企业持续、正常地生产经营为前提，才能选择和确定合适的原则和会计核算方法，并保持其相对稳定性。例如，对于企业现有的一项固定资产，在企业持续经营的前提下，因为固定资产的购置不是为了出售，而是为了提供其使用价值，因此，在账上只反映其取得时的实际（历史）成本，而不考虑其现时市场价值。另外，固定资产的价值得在其有效使用期限内按期计提折旧并摊入成本费用中，也基于持续经营这一前提，否则，固定资产折旧便失去了理论基础。例如，对于企业负债，若无持续经营前提，也就无所谓短期负债与长期负债之分，全变成需要及时清偿的了。因此，只有以持续经营为前提，才能保持会计核算方法的稳定性和一致性，也才能向各投资者、债权人和企业经营管理人员提供客观、真实、可靠的信息。

在激烈的市场竞争中，任何企业都面临着经营失败的风险，持续经营带有不确定性。

如有迹象表明某一会计主体已不再能履行它所承担的义务而难以持续经营下去，这一假设便不再成立，所有以此假设为基础的会计理论和会计原则将不再适用。在这种情形下，企业应转入停业清算，所有的财产只能按清算价格入账，一切债务也只能以企业全部资产进行清偿。所以，企业需要定期对其持续经营基本前提作出分析和判断。

3. 会计分期

对于持续经营型企业而言，其经济活动在时间上是持续不断的，其财务状况与经营成果也只有在停止营业之时才能准确地确定。但是，企业所有者、债权人、主管部门、税务机关等与企业有利害关系的各种权利主体和利益主体，不仅要按一定的时间段来检查、监督、评价企业的生产经营活动，以便改善企业经营管理，而且要按一定的时间段来参与企业的分配，获取正当的收益。另外，国家也要把企业的生产经营活动纳入国民经济计划年度和财政年度。为此，需要划分会计期间，即人为地将持续不断的经济活动划分为较短的期间，以便分段结算会计记录，分段编制会计报表。

会计分期，又称会计期间，是指人为地在时间上将企业持续不断的生产经营活动及其结果用起讫日期加以划分，形成一个个连续的、长短相同的期间。会计期间分为年度和中期。中期，是指短于一个完整的会计年度的报告期间。

会计期间的划分对于确定会计核算程序和方法具有极为重要的作用。会计分期假设是持续经营假设的必要补充，体现了事物发展连续性与阶段性的统一。这两个假设成为一系列会计基本原则与会计处理程序、方法的基础，以便既立足于持续经营，又尽可能分清各个会计期间的经营成果和期初、期末财务状况及其变动信息。正由于会计分期，才产生了当期与以前期间、以后期间的差别，从而出现权责发生制与收付实现制两种不同的会计处理基础，才使不同类型的会计主体有了记账的基准，进而出现了折旧、摊销等会计处理方法。

4. 货币计量

货币计量是指会计所提供的信息应以货币作为其计量尺度，即财务报表仅限于呈报那些能够以货币来计量的会计主体的经济活动和经营成果。

编制财务报表的依据是会计记录，会计记录是对经济活动的记载，又以会计计量为前提。计量必须有计量单位，在商品经济条件下，最适合作会计计量单位的莫过于货币，这是由货币本身的属性所决定的。货币是商品的一般等价物，是衡量一般商品价值的共同尺度，具有价值尺度、流通手段、储藏手段和支付手段等特点，有着任何其他计量单位无可比拟的优点。这就决定了会计所提供的主要是企业经营活动中可以用货币计量的信息，对于那些不能用货币表现的经济活动，如企业经营战略、研发能力、职工素质、产品质量水平、市场竞争力等，就无法在会计记录与会计报表中反映。

货币作为交换等价物，可以计量一切有价物，但货币本身的币值并不是永恒不变的。

为了保证会计记录的稳定性与一致性，排除货币币值变动对会计核算的影响，不得不假定货币币值不变。因而，货币计量假设又以货币本身价值不变为前提，只有在币值变动不大的情况下，会计信息才是准确的。如果货币币值变动较大，如出现持续性通货膨胀，则币值稳定不变的前提不复存在，会计信息也就失去了准确性，甚至变得毫无用处。

货币作为计量单位确定以后，还须确定记账本位币。鉴于人民币是我国法定货币，因此，会计核算应以人民币作为记账本位币。对收支业务以外币为主的企业，也可选定某种外币作为记账本位币，但在编制报表时，应折算成人民币反映。在境外设立的中国企业向国内报送财务报告时，也应当折算为人民币。

当然，事物是一分为二的，统一采用货币量度也有不全之处。因为并非所有影响企业财务状况和经营成果的因素都能用货币来计量，如企业的经营战略、在消费者心目中的信誉度、企业的技术开发能力等。因此，为弥补货币计量的局限性，企业在编制财务报告时，需采用一些非货币性指标作为补充。

会计核算基本前提是对会计活动的空间、时间和计量单位所作出的规定：会计主体假设规定了会计核算的空间界限，持续经营和会计分期假设规定了会计核算的时间界限，而货币计量假设则规定了会计核算的计量单位。

（二）会计基础

权责发生制以收入和费用是否已经发生为标准，判断是否应属于本期的收入和费用。在权责发生制下，凡是当期已经实现的收入和已经发生或应当负担的费用，不论款项是否支付，都应当作为当期的收入和费用；凡是不属于当期的收入和费用，即使款项已在当期收付，也不应作为当期的收入和费用。权责发生制以权利取得和责任完成作为收入和费用发生的标志，有利于公正、合理地确定一个会计期间的收入与费用，进而正确地计算企业的经营成果。

与权责发生制对应的另一个会计处理基础是收付实现制。收付实现制以现金的实际收到或支付为标准，来确定收入和费用的归属期。在收付实现制度中，凡是当期实际以现金付出的费用，不论其应否在当期收入中取得补偿，均应作为当期的费用处理；凡在当期实际收到现金的收入，不论其应否归属于当期，都应作为当期的收入处理。

权责发生制与收付实现制是两种不同的会计处理基础。按准则要求，企业单位采用权责发生制，行政单位采用收付实现制，事业单位除了经营业务采用权责发生制，其他业务也采用收付实现制。

第二节 财务会计的职能和特点

一、财务会计的职能

（一）核算职能

财务核算工作需要适应生产规模的发展，需要科学有效地管理事业部，需要及时地服务决策，提高企业的竞争能力。财务会计管理水平应当与公司的发展阶段匹配，无论财务会计管理水平相对于发展阶段是超前还是滞后，都会制约公司的发展。具体而言，财务机构的职能、财务机构和岗位的设置、相应的财务和会计基础管理制度应根据公司发展进行调整和优化。财务预算体系是企业日常经营运作的重要工具，是企业管理支持流程之一，与其他管理支持流程相互作用，共同支持企业的业务流程营销管理、计划管理、采购与生产管理、库存管理。通过实施全面预算管理可以明确并量化公司的经营目标、规范企业的管理控制、落实各责任中心的责任、明确各级责权、明确考核依据，为企业的成功提供保证。具体而言，公司财务核算工作需要适应企业生产规模的发展，并通过对管理需求的分析形成完整的财务核算体系。

另外，企业的高级管理人员直接得到一手信息的机会很少，必须通过报告系统得到经过整理、分析的信息。而企业的报表分为对外报送的以核算信息为主的财务报表和报送管理层的以经营管理信息为主的管理报表。在很多情况下，企业将两者等同依靠核算口径的财务报表获取管理信息。虽然有管理口径的报表，但是过多的信息以控制为主，没有融入非财务的信息，而且管理报表的结构、信息归集的口径、报送的频率等与管理决策的要求相距较远，因而不能有效支持决策。

（二）监督职能

财务监督是运用单一或系统的财务指标对企业的生产经营活动或业务活动进行观察、判断、建议和督促。它通常具有较明确的目的性，能督促企业各方面的活动合乎程序与要求，促进企业各项活动的合法化和管理行为的科学化。它是公共组织财务会计管理工作的重要组成部分，也是国家财政监督的基础，对规范公共组织的财务活动、严格财务制度及财经纪律、改善公共组织财务会计管理工作、保证收支预算的实现具有重要意义。

要通过监督审查公共组织财务活动，对该单位的财务收支及经营管理活动进行监督和鉴证，揭发贪污舞弊、弄虚作假等违法乱纪行为，严重损失浪费及无效率、不经济的行为，依法追究有关责任人的责任，提请给予行政处分或刑事处罚，从而纠错揭弊，保证党和国家法律法规、方针、政策、计划及预算的贯彻执行，维护财经纪律和各项规章制度，保证公共组织的财务报告及其他核算资料的正确可靠，保护国家财产的安全和完整，维护社会主义经济秩序，巩固社会主义法治。要通过财务监督揭示公共组织在财务活动、财务会计管理工作中存在的问题、不足，以及在财务会计管理制度方面存在的薄弱环节，并有针对性地提出改进建议和补救措施，从而改善财务会计管理工作，提高财务工作质量。要通过全面分析财务活动及时掌握各公共组织人力、财力、物力等各种资源的使用情况，督促各公共组织加强和改进对人力、财力、物力的管理，深入挖掘内部潜力，增收节支，用有限的资金创造更多的社会效益和经济效益。

（三）预测职能

随着社会经济的发展和经济管理的现代化，会计的职能也发生了变化，一些新的职能不断出现。一般认为，除了会计核算、监督两个基本职能，还有分析经济情况、预测经济前景、参与经济决策等各种职能机制。其中，会计核算不仅包括对经济活动的事后核算，还包括事前核算和事中核算。事前核算的主要形式是进行经济预测，参与决策；事中核算的主要形式则是在计划执行过程中通过核算和监督相结合的方法对经济活动进行控制，使之按计划和预定的目标进行。

计划应以科学预测为基础，通过预测来反映企业经过努力在未来可能达到的收入、成本和利润水平。未来的科学技术发展、管理水平提高以及市场供求关系变动都会影响预测的结果，因此随着市场经济的发展，管理会计人员不能仅注重企业内部，还应面向市场，注重市场信息的收集、处理与分析，使预测的结果更为科学合理，接近实际。科学预测的结果只能反映经过努力可能达到的水平而非反映应当达到的水平，所以不能根据预测的结果直接确定目标。计划过程一般由两部分构成：一是在量本利分析的基础上，通过努力应当达到的销售水平和成本费用水平，所进行的总体计划或定期计划；二是根据所预测的执行不同行动方案的经济效益进行最优选择，即个别项目的计划。综合这两部分工作，就可以科学地确定目标和具体措施。一般情况下，会计可以用实际数量与计划数量进行对比，以此评估经济计划的完成情况，并分析本财年和上财年之间或者和同行业先进水平之间的差距，找出不足并研究导致其产生的原因，以扬长避短。对企业经济效益的正确评价必须依靠会计职能中的分析职能，运用足够的会计核算数据、综合各方面的情况来计算企业的经济效益指标，再通过研究来制订可行性方案标准，正确评估、测算企业已经取得的经济效益并进一步理解其利弊条件，在接下来的经营活动中逐步避免旧问题的出现，防止新问题的产生，以不断提高经济效益水平，摒弃落后管理方式，不断完善相关市场机制，促进企业经济的平稳健康发展。

（四）决策职能

在社会主义市场经济体系不断发展完善的背景下，企业自身必须做出相应变革，以适应现实的社会经济条件。也就是说，企业必须通过科学的经济预测来做出正确的决策，推出一系列真正具有市场竞争力的产品。企业会计的工作接触面较广，因而能够综合各方面的具体情况，反映出经济活动的全过程。与此同时，会计在以实际工作中获得的经济数据，结合统计资料以及生产计划等指标的基础上，对企业运营的经济环境进行细致科学的剖析，能够帮助企业制定适合自身真实发展状况的决策，取得更好的经济效益。总而言之，经济效益的提高与会计的工作是紧密联系、不可分离的，只有充分发挥会计职能，不断提高会计监管力度，才能促进企业经济效益的提高。

（五）评价职能

企业绩效评价是指运用数理统计和运筹学原理、特定指标体系，对照统一的标准，按照一定的程序，通过定量定性对比分析对企业一定经营期间的经营效益和经营者业绩做出客观、公正和准确的综合评判。企业绩效评价的基本特征是以企业法人作为具体评价对象，评价内容重点在盈利能力、资产质量、债务风险和经营增长等方面，以能准确反映上述内容的各项定量和定性指标作为主要评价依据，并将各项指标与同行业和规模以上的平均水平对比，以期求得对某一企业公正、客观的评价结果。

我国当前实施的企业绩效评价实质上是按照市场经济要求实行的一项企业监管制度。随着社会主义市场经济的发展，政府管理经济的方式也正在朝着运用市场经济原则间接管理的方向转变。推进国有企业绩效评价和国有资产保值增值的考核已成为我国经济体制改革的当务之急。目前，各级政府部门正逐步把开展企业绩效评价作为国有企业监管的一项基础性工作来抓，并要求国有大型企业集团也要结合集团内部管理的要求开展对子公司的评价工作，以加强企业集团内部的监督管理，提高经营管理水平。企业绩效评价结果由财政部每年定期公布。绩效评价结果与经营者年薪制、股票期权等收入分配方式改革试点工作也正在逐渐结合，成为国企管理人员业绩考评的重要依据。从现实情况看，中介机构逐步参与的企业绩效评价主要是国家对重点国有企业集团经营效益、经营者业绩的考评，以及国有企业集团自身对其所属子公司经营效益、经营者业绩的考评。

二、财务会计的特点

任何事物的特点总是相比较而存在的。财务会计的特点是同管理会计、传统会计相比较才显示出来的。

管理会计和财务会计是两个不同的分支，它们之间的差别比较容易识别。所谓传统会计，是指在现代企业会计发展成为财务会计和管理会计之前的企业会计。在时间上是指20世纪30年代末出现公认会计原则以前。总体来看，财务会计是传统会计模式的主要继承者，但又有所发展，具体如下。

（一）继承了传统会计模式中的主要会计程序

传统会计长期形成并行之有效的概念、惯例和会计处理过程堪称现代会计的精华，大部分由财务会计继承了下来。例如：

（1）会计确认以权责发生制为基础，收入的确认必须实现。

（2）会计计量主要遵循历史成本原则。

（3）会计记录运用复式记账法。

（4）会计报告把资产负债表和损益表作为最基本的报表。

（5）会计处理的每一个环节都考虑谨慎原则和稳健惯例。

（二）在继承的基础上有所发展

1. 同传统会计相比较，财务会计有它的侧重点

财务会计也是由确认、计量、记录和报告四个环节组成，但其核心的环节是报告。对外报告是财务会计的目的。在财务会计之中，记录只是为报告准备数据，只有把它列入财务报告（主要指财务报表），才是最有用的信息。确认和计量也是如此。日常确认和计量都属于初始确认和计量，在财务报表中的确认和计量才是最终的、可信的。很明显，财务会计以对外报告为重点，是财务会计和管理会计分离的结果。在此之后，对内部有用的信息的提供应由管理会计承担。

2. 财务会计是对传统会计的继承和发展

（1）确认方面

①财务会计的确认以权责发生制为主，也运用了收付实现制。一方面，考虑到现金具有较强的流动性，及时反映和监督现金的动态是会计的一项任务。当交易或事项发生时，凡是涉及现金，不论其影响到企业权责的后果如何，都要先记录（按收付实现制）而后调整（按权责发生制）。因此，在日常的会计处理之中，两种确认基础缺一不可。另一方面，联系到基本的财务报表，资产负债表和损益表以权责发生制为基础，而现金流量表以收付实现制为基础，这说明财务会计不能采用单一的确认基础。

②财务会计仍坚持实现原则，但将已实现扩展为可实现。前者限于已收取现金或其等价物，后者则扩大到可收取现金或其等价物的权利，只要这种权利的金额是确定的，收回就是有保证的。

③当前的财务会计概念框架已总结出财务报表中每一个要素都适用的基本标准。这样，确认就由一个抽象的会计术语被提升为一个能指导会计实务、具有可操作性的会计概念。

（2）计量方面

①财务会计已经不再强调历史成本是唯一的计量基础。会计实务界出现的多种计量属性并用的局面已被理论界认可。

②除了历史成本，现行成本、市场价格、可实现净值、公允价值都可以用来计量，但条件是既要符合相关性，又要有可靠性，确保能够可靠地计量。

（3）记录方面

记录的原理没有多大变化，仍是运用复式簿记原理。但是，记录的技术产生了质的飞跃。在财务会计中，记录和报告，特别是记录，已经实现了计算机化。虽然由于各国各地区经济发达和科技发展程度不同，会计的电算化程度也不同，但是用计算机代替手工记账已是大势所趋。

（4）报告方面

由于财务会计侧重报告，因此在报告方面，改革和变化的力度更大。

①在传统会计中，报告的唯一手段是会计报表；在财务会计中，会计报表只保留其中的财务报表（成本报表除外）。可见，财务报表仍是报告的主要手段，但在财务报表之外，增加了“财务报告的其他手段”，简称其他财务报告。在财务报表部分，主要分为财务报表（指表内）、财务报表附注和补充资料等部分。

②在财务报告的各个组成部分之中，确认和计量有着不同的要求，并有着不同的概念。比如，财务报告所传递的全部信息都可称为“披露”，财务报表披露的全部信息称为“表述”，而表内表述的信息被赋予一个专门的术语——“确认”。表内确认需要遵循确认的基本标准并符合公认会计原则（GAAP），必须同时用文字和数字（金额）进行描述。文字指的是应归入的报表要素及所属项目，“金额”则应加入报表的有关合计与总计。因此，确认是严格规范化和专业性的会计表述方式。确认的信息应当最为有用（既相关又可靠）。表外附注不属于确认，但也要求符合公认会计原则。附注表述既可以用文字表述，又可以只用数字描述，或两者兼用。它的任务是使表内的信息更容易理解。表外附注可以补充表内确认之不足（尚无条件在表内进行确认的某些有用信息可在附注中补充披露），但不能用来纠正表内的错误。对于使用者和独立审计人员而言，财务报表的表内部分和附注是一个整体，不可分割，两者同是审计的对象。补充资料是指由公认会计原则所要求的，既不在表内又不在附注中补充的披露。例如，在美国，过去按照 FAS33 现在要按 FAS89 补充提供的物价变动的信息就属于补充资料。补充资料和其他财务报告的区别如下：补充资料在公认会计原则的影响范围之内，其他财务报告则不必严格遵守公认会计原则。其他财务报告所披露的内容和方式可以是准则以外的其他法规、机构所要求的，也可以是企业自愿披露的。因此，其资料的来源和方式是多种多样的。

对于财务报表来说，财务会计的发展主要表现在以下两个方面。

第一，制定了财务会计（报表或报告）的概念框架。

第二，制定了具有权威性的、用于规范财务报表的（也包括财务会计处理程序）GAAP 或企业会计准则。甚至可以说，GAAP 的出现（最早代表 GAAP 的美国 ARB 第一号是 1939 年发布的）标志着传统会计向财务会计转化，而遵守 GAAP 与否是财务会计和管理会计相互区别的重要标志。

第三节 企业财务会计与税务会计的差异和协调

随着会计准则和税务制度的不断深化与完善，企业财务会计与税务会计的差异日益明显，鉴于两者在经济管理中的重要地位，处理好两者的关系是协调企业、国家、社会之间利益的重中之重，协调和完善企业财务会计与税务会计的关系刻不容缓。

企业财务会计与税务会计既相互关联又有一定的差异。企业财务会计是指对企业的资金和财务状况进行全面监督与系统核算，以提供企业的盈利能力与财务水平等经济信息。企业财务会计依照相关的会计制度和程序，为涉及利益关系的债权人、投资人提供相关的资金信息；企业财务会计不仅在企业运作中起着基础性的作用，而且对企业的管理和发展有重要的促进作用。所谓的税务会计是根据会计学有关内容和理论，对纳税人应纳税款的形成、申报、缴纳进行综合反映和监管，确保纳税活动的全面落实，让纳税人员自觉根据税法规定，进行税务缴纳的一项专业会计学科。税务会计是进行税务筹划、税金核算和纳税申报的一种会计系统。通常人们认为税务会计是企业财务会计和管理会计的自然延伸，而自然延伸的基本条件是税收法规逐渐趋于复杂化。目前，受到各种因素的影响，大部分企业中的税务会计不能从企业财务会计和管理会计中分离出来，导致税务会计无法形成相对独立的会计系统。但企业财务会计和税务会计都是我国会计体系的重要组成部分，两者既有关联又有差别，具有一定的差异性和相似性，两者都是在符合国家法律和规章制度的基础上对经济利益进行保护，并且为企业的客观财务信息提供支持，保证企业管理人员可以得到正确真实的财务信息。重视企业财务会计与税务会计之间的差异，并强化两者的差异协调，能够促使企业提高管理水平，进而实现整体经济效益的迅速发展。

一、企业财务会计与税务会计差异产生的原因分析

在《中华人民共和国企业所得税法》及其实施条例和会计制度的实施下，企业财务会计与税务会计在会计目标和核算范围等方面都出现了新的差异，在我国经济快速发展以及会计制度的一系列改革的促动下，企业财务会计与税务会计的差异越来越大。一方面，企

业财务会计的核算流程、方式、内容都是依照企业财务会计的准则进行的，企业财务会计制度的重点是努力实现财务和经济的标准化，提供经济利益保障。而税务会计的核算流程、方式、内容是依照税务会计的规定进行的，税务会计的重点是遵照国家税法的标准对纳税人进行征税，两者在本质上存在差异。当今，财会体系不断发展，特别是国家开展了关于财务领域的相关革新活动，使得企业财务会计领域的相关体系与准则和税法之间开始出现隔阂。另一方面，许多单位的所有制表现出多种样式，经济体制的逐渐改变也是导致二者产生差异的重要原因，经济体制的改变带动了所得税的变化，使得税务会计与企业财务会计的差异日益明显。

二、企业财务会计与税务会计的差异分析

由于传统的经济管理体制不能适应社会的发展，随着税务职能的深入和渗透，企业财务会计与税务会计之间的差异日益凸显，两者在会计目标、核算对象、核算依据、会计等式和会计要素等方面都出现了明显的差异，下面对企业财务会计和税务会计的差异进行分析比较，从而为两者之间的协调发展提供更大的空间。

（一）会计目标的差异分析

会计目标是会计的重要组成部分，是会计理论体系的基础，其在特定情况下，会因受到客观存在的经济、社会现状以及政治方面的影响而变化，对企业财务会计和税务会计所表现的会计目标差异进行分析具有重要的意义。

1. 基于企业财务会计的会计目标

企业财务会计要求从业人员依法编制完整、合法、真实的对外报告和会计报表来反映财务状况与经营成果，为管理部门和相关人员提供对决策有用的会计信息。企业财务会计目标在会计制度系统和企业财务会计系统中有着举足轻重的作用，是制定各种法规和规范会计制度的重要因素。一般来说，企业财务会计目标分为决策有用观和受托责任观。决策有用观是指信息使用人员要确立正确的企业财务会计目标，为管理层提供制定决策有用的信息；受托责任观是指如实反映受托责任的状况。另外，企业财务会计的目标是以记录和核算所有经济业务的情况为基础，编制资产负债表、利润表、现金流量表和附表，向财务报告使用人员提供相应的企业经营成果、财务状况与现金流量状况等有关的会计信息，对企业的管理层所托付的任务履行情况进行真实的反映，使领导层能够根据相关财务报告可以做出更加正确、合理的经济决策。

2. 基于税务会计的会计目标

税务会计是商品经济发展到市场经济阶段的必然产物，税务会计的目标：一方面，以遵守税法的相关规定为基本目标，进行正确合理的计税、纳税和退税等操作，以实现降低

成本的目的，使税务会计主体可以获得较大程度的税收收益。税务会计再通过向税务和海关部门纳税申报，将纳税信息提供给信息使用人员，帮助税务部门更加方便地征收税款。另一方面，将有利于做决策的相关信息提供给税务管理部门和纳税企业管理部门，使得税务管理部门和纳税企业管理部门能更加正确地进行税务决策，也可以通过整合和运用高层相关人员所提供的相关信息，得到合理的决策方案，获取更大利润收益。

（二）核算对象的差异分析

会计核算是指以货币为主要计量单位，对企业、事业、机关等有关单位的资金和经济活动进行记账。会计核算范围分为会计时间范围和会计空间范围。会计时间范围，是指会计分期，通常会计从时间来看，是以一个年度来划分范围的；会计空间范围，是指会计主体，实际上看就是一个企业。另外，会计核算的范围从空间上看，它只核算本企业的经济业务。企业财务会计与税务会计的核算对象存在着明显差异，企业财务会计核算对象是通过货币来反映资金运动过程，而税务会计核算对象是通过税负来反映相关的资金运动过程。通过分析企业财务会计和税务会计之间的核算对象差异，能对企业的业务操作与制度改进具有一定的参考价值和借鉴价值。

1. 企业财务会计的核算对象

企业财务会计通过货币计量，对相关企业的有关经济事项进行核算，为投资人和债务人等利益相关人员进行服务，企业财务会计核算的对象是可以用货币表现的全部资金活动过程，需要通过企业财务会计对有关资金状况进行核算。资金活动过程不仅可以在一定程度上反映企业的相关财务状况，而且可以对企业一些资金的变动和经营情况进行反映。将资金的投入、周转和循环、退出等过程作为核算的范围也可以满足投资人员、经营管理人员、企业和国家的经济管理需求。总体来看，企业财务会计的核算对象所涉及的范围要比税务会计更加广泛。

2. 税务会计的核算对象

税务会计是对纳税人的税收变动相关的经济事项进行核算，税务会计核算的对象只是与企业税负有关的资金运动，包括企业财务会计中有关税款的核算、申报等内容，与税收没有关系的业务不需要进行核算。这也反映出税务会计的核算对象是受纳税影响而引发的税款计算、补退以及缴纳等相关经济活动的资金运动。税务会计的核算范围和企业财务会计的核算范围还存在着一定的差异，具体表现在税收减免、纳税申报、收益分配以及经营收入等与纳税相关的经济活动，相对来说税务会计涉及的范围比较小。

（三）核算依据的差异分析

企业财务会计与税务会计的核算依据有着明显的差异性，企业财务会计的核算依据是按照会计准则和制度开展的组织活动，其核算的原则和方法都是来自会计准则。而且会计准则会因为行业不同而存在一定的差异，具有一定的灵活性；再者，根据会计准则和相关制度的有关要求和规定对会计核算组织记录真实的财务活动，并且提供有用的会计信息，以协助企业经营和管理。依据会计准则就是要对外提供真实相关的高质量财务报告，一方面要针对相关的资源管理和使用情况向企业管理层作出真实的反映，另一方面为财务报告使用人员提供正确合理的信息，帮助管理层作出正确的决策，对会计核算的一些不恰当行为进行规范。税务会计的核算依据是税收法规，核算原则和方法来自税法，税法具有强制性、无偿性和高度的统一性，用于规范国家征税主体和纳税主体的行为，从业人员要遵循税法的宗旨和规定进行核算，然后按照税法的规定对所得税额进行计算总结，并且向税务部门进行申报。税务会计核算要恪守法律规定，遵守国家对纳税人相关缴税行为的规定，目的是保证可以足额地征收企业税款，以满足政府公共支出的需求，实现在国家和纳税人之间的财富分配。

（四）核算原则的差异分析

企业财务会计使用权责发生制作为核算原则，税务会计是在权责发生制的基础上，使用收付实现制对其进行调整。由于权责发生制和收付实现制对于同一笔经济业务的处理时间和处理原则不同，导致二者在入账时间及入账金额方面可能不一致。

（五）稳健态度的差异分析

会计稳健性原则是在会计核算中经常使用的一项重要原则，国家发布的《会计制度》和具体会计准则充分体现了这一原则，对会计核算有重要的指导作用。稳健性原则是指当相关企业遇到没有把握或者不能确定的业务时，在处理过程中应该要保持谨慎严谨的态度，可以记录一些具有预见性的损失和费用，并且加以确认。企业财务会计的稳健态度表现在：对企业可能造成的损失和费用进行预计和充分考虑，不去预计企业可能发生的收入，让会计报表可以更加准确地反映企业的财务状况以及经营成果，避免让报表使用人员误解或者错读报表信息。而税务会计的稳健态度表现在：它不会预计未来可能发生的损失和费用，只对一些已有客观证据且可能在未来发生的费用才进行预计，比如坏账计提，其具有一定的客观性。在市场经济的发展态势下，规避风险是很多企业不可避免的问题。在面对问题时，应该积极应对、坚持审慎严谨的原则，在风险实际出现之前做到未雨绸缪，减少风险并防范风险，以化解风险，这样既对企业作出正确和合理的决策有促进作用，也间接提高了企业对债权人利益的保障能力，进而使企业在市场上有更加强劲的竞争力。

（六）会计等式和会计要素的差异分析

会计要素是反映会计主体相关财务状况的基本单位，通过对会计对象进行基本分类而形成。企业财务会计有六大要素，即资产、负债、所有者权益、收入、费用、利润，这六个要素既存在联系也有所区别，是会计对象具体化的反映，而且企业财务会计围绕着这六大要素来反映企业发生的内容和业务，它构成的会计等式为“资产=负债+所有者权益”，这是在编制资产负债表时要满足的原则。“收入-费用=利润”，这是在编制利润表时要满足的原则。税务会计有四大要素，即应税收入、扣税费用、应纳税所得额和应纳税额，其中应纳税额是核心，其他三个要素是为应纳税额的计算提供前提条件。另外，这四个要素和企业应交税款关系密切，税法的应税收入可能与会计上的收入和费用会有所差异，在编制纳税申报表时，税务会计的四个要素构成了以下等式：“应税收入-扣除费用=应纳税所得额”“应纳税额=应纳税所得额×税率”，通过以上等式来更加具体地反映计税过程。

三、企业财务会计与税务会计的协调分析

在企业财务会计和税务会计的协调发展问题上，首先，要明确两者之间的关系，才能在社会不断发展的过程中协调好两者的关系，避免出现方法不统一、关系严重不协调的现象，要做好财务政策与税收政策、会计政策之间的协调工作，强化会计处理方面的协调性，加强规范性。其次，放宽税法对会计的限制，加强税收法律和会计制度的适应性，重视两者的协调工作。最后，重视人才培养和信息披露，不断提高工作人员的整体素质，加强工作人员的从业学习能力，加强对信息的充分披露，确保会计信息能够全面、准确、充分地披露。处理好企业财务会计和税务会计的协调性，使两者之间政策的一致性得到保障，尽最大的可能减少差异的产生，这不仅可以促使国家经济的持续发展，为企业科学管理奠定基础，还可以保证会计信息的真实合理，使企业效益得到有效的保障，从而实现企业价值最大化和效益最大化的管理目标。

（一）强化会计处理方面的协调

首先，在会计处理方面，企业财务会计的核算在按照税法规定的同时也要遵守相关的会计原则。税务会计可以将相关的税收理论转变成税法学的相关概念、原理和基础，使其能进一步和相关会计原理与准则相结合，并且借助会计方法，反映企业的应纳税额。税务会计要植根于企业财务会计，企业财务会计是税务会计的前提。其次，需要统一会计核算基础，税收采用的是收付实现制，它虽然在操作方面比较便捷简单，有利于税收保全，但是会使应纳税所得额与会计利润之间产生差异，不能体现出税收公平的原则，既不符合收入和费用相匹配的会计原则，也不符合会计可比性的相关要求。所以在税务会计处理方面应该以权责发生制为基础进行计量，尽量减少税收会计和企业财务会计之间的差异，体现出税收的公平。最后，重视会计处理的规范化，企业财务会计制度和税收法律要体现在具体的工作中，会计制度要与税收制度相互协作，保障会计业务的规范化，根据会计理论和方法对税务会计理论体系进行完善，实现企业财务会计和税务会计的紧密联系。鉴于我国

会计处理方式尚未成熟，体系亦有待完善，缺乏相应的会计制度约束，加之企业财务会计领域发展历史悠久，因此相较于税务会计，企业财务会计已构建起一套较为完备的理论体系，对我国企业财务会计的进步和发展起到了关键性的指导作用。因此，要完善和规范会计制度，加强会计制度和税收的协调管理，相关政府需要加大对税务会计理论体系构建和完善的力度，加快税务会计的理论体系构建，将税收学科合理地应用于税收体系的构建当中。强化会计处理有利于我国税务会计学科的发展，为更好地完善企业财务会计制度奠定基础，同时有利于会计制度和税收法律制度在管理层面上相结合，可以为企业财务会计和税务会计在企业上的协调发展作出贡献。

（二）放宽税法对会计的限制

一方面，税法应该适当地放宽企业对风险的评估，这样既能保证企业的抗风险能力，也不会对税基造成损害。放宽税法对会计方法选择的限制有利于提高会计政策的灵活性，从而促进企业创新技术和增强竞争能力。税法可以规定在企业发生会计政策变更时，要通过税务机关的批准和备案，并且针对会计政策变更作出相应的规范方案，防止偷税漏税。另一方面，要强化会计制度和税收法规的适应性。由于企业财务会计是建立在相关会计制度和规章的基础上，而税收会计是建立在税收法律基础上的，两者的原则不同，因此，要更加重视税法和会计制度之间的适应性，会计制度要重视和关注税法监管的相关信息需求，实现和加大会计对税法和税收规章的信息支持效果，并且税法要积极提高对会计制度协调性的执行力度，在税收征管中与会计制度进行磨合，增强两者的协调性，这样既有利于企业财务会计和税务会计的合理协调，也可以推动企业和国家的经济发展。

（三）重视人才培养与信息披露

当前，大部分企业的财务人员和税务人员掌握的专业知识和理论都处于财务和税务分离的状态，甚至有一些工作人员只掌握其中一小部分的知识。这样不仅阻碍了企业的发展，还限制了企业财务会计和税务会计工作的合理开展，所以企业要重视和加强财务人员对企业财务会计和税务会计的学习，增加其协调性。另外，企业财务会计人员在进行会计工作的时候，要以《企业会计准则》为基准，遵守财经法规等职业道德，不断提升自己的专业学习能力、巩固专业知识、提高自己的素质，保障企业会计信息的客观真实、健全完整。同时，当前会计准则对企业披露信息要求比较低，导致披露不足，这增加了税务机关监管和征缴税款的难度，使得债权人不能充分了解和掌握企业有关税款征收的信息。针对现阶段的会计制度和对会计信息的披露制度不完善的现象，应努力加强政策宣传与会计信息披露，无论是税务部门还是财务部门都需要在宣传方面加大力度，加大对政策宣传的支持力度，保证能够把企业财务会计和税务会计的相关内容纳入宣传工作范围，从而提高税收法律协调的效率。另外，应该保障会计报表的公开性和披露完整性，确保会计信息能够更加全面、准确、充分地披露，以促进企业财务会计和税务会计的协调发展。

随着经济体制的不断改革和我国会计信息应用的多元化发展，税务会计和企业财务会计的矛盾和差异也日益增大，两者的矛盾和差异为企业的发展和运作、财务与税务管理等方面带来许多困难和干扰，虽然我国在努力缩小企业财务会计和税务会计的差异，但是两者之间的差异不可能立即消除，所以协调好两者关系势在必行，针对当前存在的企业财务会计和税务会计之间的管理差异，应该辩证对待，对两者的差异进行合理分析，在理论上不断创新，在方法上不断健全和完善，结合当前的经济发展形势选择可行的协调模式。另外还要加强会计制度和税法的适应度，加快税务会计和企业财务会计的理论体系构建速度，加强财务部门和税务部门的沟通，重视人才培养、提升人员素质、强化必要信息的披露工作、协调企业财务会计和税务会计之间的矛盾，使企业可以更科学、更稳健地运转，这不仅对企业管理水平的提高具有重要意义，对我国经济发展也会起到举足轻重的作用。

第二章　企业财务会计管理内容及其创新

第一节　财务会计资产负债管理及其创新

一、财务会计资产管理及其创新

（一）资产管理的概念及特征概述

资产管理并非一个严格意义上的法律概念，目前中国学术界和金融监管部门的部门规章定义的资产管理的内涵和外延都存在一定的区别。在本书看来，资产管理的外延和内涵无论如何界定，其特征上表现的都是一种“受人之托，代人理财”的财产管理制度。从信托的角度来看，这刚好符合信托“受人之托，忠人之事”的基本职能与价值追求，资产管理业务其实是一种信托法律属性的产物，只不过信托的外延更为宽泛。除了追求投资收益的商事信托，在英美法系中还有基于继承、抚养、家族传承等依据具体事项来进行划分的家族信托或者私益信托。也就是说，“代人理财”只是“忠人之事”的一种表现而已。从相关法律法规颁布的趋势来看，目前我国的金融监管机构正在打造一个“大信托”或者说“泛信托”的资产管理“统一监管”时代。

（二）财务会计无形资产管理

1. 无形资产的定义及特征

无形资产是指企业为生产商品或者提供劳务出租给他人，或为管理目的持有的没有实物形态的非货币性长期资产。无形资产包括专利权、非专利技术、商标权、著作权、土地使用权、商誉等，它们或者表明企业所拥有的一种特殊权力，或者直接体现为帮助企业取得高于一般水平的收益。

无形资产可分为可辨认无形资产和不可辨认无形资产。可辨认无形资产包括专利权、非专利技术、商标权、著作权、土地使用权、特许权等，不可辨认无形资产是指商誉。

目前，国际上对无形资产的界定不完全一致。无形资产是指为用于商品或劳务的生产或供应出租给其他单位，或为管理目的而持有的没有实物形态的可辨认无形资产。

无形资产具有下列特点。

（1）无实体性

无形资产一般是法律或契约关系所赋予的权利，它没有实物形态，看不见、摸不着，但其作用可以感觉得到。在某些高科技领域，无形资产往往更为重要。没有实物形态的资产不一定都是无形资产，如应收账款，因而不能将有无物质实体作为判断是不是无形资产的唯一标志，但无形资产一定是没有实物形态的。

需要指出的是，某些无形资产的存在有赖于实物载体。比如，计算机软件需要存储在磁盘中。但是，这并没有改变无形资产本身不具有实物形态的特性。

（2）未来效益的不确定性

无形资产能为企业带来长期效益，但它所能提供的未来经济效益具有很大的不确定性。例如，企业拥有一项专利权，它使企业在某项技术上拥有独占使用权，从而获得超过同类其他企业的经济利益。但是，一旦有一项新的技术出现，且它可以远远领先于企业的专利技术，那么企业来自该项专利的经济利益就可能减少，甚至消失。无形资产的价值局限于特定的企业，一个企业有用的无形资产在其他企业不一定有用，并且很难将无形资产的价值与特定的收入及特定的期间相联系，所以其不确定性远远超过其他资产。

（3）非独立性

大多数的无形资产不能与企业或企业的有形资产相分离，只有与其他有形资产相结合，在企业生产经营中才能发挥作用。一个企业不可能只有无形资产，企业在未来取得的收益也很难区分是无形资产创造的还是有形资产创造的，通常是两者共同作用的结果。

（4）非流动性

无形资产能为企业连续提供一年以上的服务或利益，其成本不能在短期内得到充分补偿。企业持有无形资产不是为了出售而是为了生产经营，即利用无形资产来提供商品、提供出租给他人的劳务，或为企业经营管理服务。例如，软件公司开发的用于对外销售的计算机软件，对于购买方而言属于无形资产，对于开发商而言却是存货。

2. 财务会计无形资产计量的创新

随着知识经济时代的到来，无形资产对企业生存和发展的作用越来越大。在一些高科技企业，无形资产甚至占到了企业整体资产比重的50%以上。但是，现行的财务会计模式是以20世纪30~60年代的成熟工业经济为背景的以有形物质资源计量为主的会计模式，对无形资产的计量仍然沿袭了传统的不完全历史成本计量法，既不能完整揭示无形资产的成本，又无法披露无形资产的价值和风险。而企业的利害关系人又比以往任何时候都更迫切地需要了解代表企业获利能力和竞争能力的无形资产的信息，尤其是无形资产的未来收益和风险。因此，对无形资产会计计量的创新已经十分迫切和必要了。

3. 财务会计无形资产管理的创新

（1）无形资产管理内容创新

①显性无形资产管理与隐性无形资产管理相结合。专利权、商标权、专有技术等都是传统意义上的无形资产，企业对它们的认识较为全面、深刻。与之相比，企业内部还存在一些容易被财务会计人员忽略的隐性无形资产，如知识资源、企业战略、企业文化等，这些方面在企业经营管理中发挥着至关重要的作用，应当纳入无形资产管理的范畴。隐性无形资产管理的好坏直接关系显性无形资产的管理水平，前者对后者具有很大的推动作用。例如，企业文化为显性无形资产管理提供了软环境；企业发展战略的制定也与显性无形资产管理密切相关。因此，经营管理者必须整合显性与隐性无形资产管理工作，更加全面地审视企业的无形资产管理内容。

②人力资源管理与知识资源管理相结合。无形资产管理的主体是企业的员工，员工进行管理需要的是知识资源，因此，加强无形资产管理必须从源头上重视人力资源和知识资源的管理。一方面，企业财务会计人员可以通过物质或精神奖励鼓励员工的创新活动，激发他们的创新热情，通过最大限度地实现员工自身价值达到留住人才的目的；另一方面，企业内部财务会计人员通过建立员工交流平台拉近大家的距离，让员工之间相互信任，实现企业内部知识以及信息资源的充分共享。知识管理的最终目标就是把员工个人的隐性知识转化为企业整体的显性资产。例如，将某一员工在生产作业中的一个想法转化为企业的一项技术专利。因此，企业可以把人力资源和知识资源管理结合起来，从根本上确保无形资产管理工作的有效进行。

（2）无形资产管理组织创新

①组建无形资产管理团队。无形资产管理需要专门的人员和机构，企业财务会计人员应当围绕无形资产研发、运营、维护以及绩效评价四个方面组建专门的管理团队。各部分人员内部以及与企业其他部门之间应相互沟通，确保信息共享。例如，企业各类产品目前的市场销售状况以及企业未来的目标市场定位都会影响无形资产的研发工作，这就要求研发人员加强与市场营销部门和发展战略部门的信息沟通。此外，管理团队内部人员应加强合作，一项新的无形资产研发成功需要后续的运营和维护工作使之实现持续增值，绩效考评相当于一项反馈调节，评价之前一系列工作的有效性。管理团队应按照职能进行人员配置，各司其职，相互配合，实现无形资产的全过程管理，这样不仅能够确保企业无形资产管理的效果，还可以提高管理效率。

②构建无形资产与人力资源创新管理机制。首先，培育人力资源环境。企业无形资产管理与其人力资源环境密切相关，无论是企业高级管理人员还是普通员工，都应高度重视无形资产的研发、运营和维护工作。它体现在企业的经营理念、服务手段和方法之中。在

人力资源战略规划、人才引进、薪酬设计、绩效管理等方面的工作中也要渗透无形资产的管理理念，充分调动员工参与企业无形资产管理的积极性，最大限度地发挥他们的创造性，逐步实现无形资产管理与人力资源管理的融合。其次，构建人力资源考核机制。企业员工的考核不应执行传统的“论资排辈”，而应考虑与其相关的无形资产因素，制定出与无形资产相关的人力资源考核指标，通过定量和定性两个方面对员工进行绩效评价。再次，创新人力资源激励机制。企业应当建立与贡献相适应的人才激励制度，依据员工在无形资产开发、运用、保护等方面的贡献大小给予不同程度的奖励，可以采取多种形式，例如奖金、休假、职位晋升等，让员工切实感受到企业无形资产管理的好坏直接关系自身的利益，与自身发展密切相关。最后，健全人力资源监督约束机制。当前，人才流失现象在企业中普遍存在，人才的转移势必造成企业无形资产的大量流失。因此，企业财务会计管理人员必须建立与无形资产相关的人才监督约束机制，对与人力资源相关的各类无形资产的产生、发展和流动的全过程进行监控，对可能接触无形资产的人员进行随时监督。此外，财务会计管理人员还可以与无形资产相关人员签订保密协议，约束其离开企业后的行为，避免人员流动造成企业的专有技术等无形资产大量流失。

（3）无形资产管理工具创新

①建立无形资产信息系统。目前我国无形资产管理手段比较落后，相关的无形资产信息只是通过会计账表反映，存在很大的局限性。一方面，由于企业财务会计管理人员对无形资产的动态信息掌握不及时，往往容易陷入法律纠纷之中；另一方面，无形资产研发、运营以及维护过程中更加详细的信息很少能够保存下来。因此，企业应建立无形资产信息系统，全面系统地记录、追踪企业的无形资产管理信息，为管理当局经营决策提供有力依据。财务会计管理人员可以根据企业自身需要建立静态信息库和动态信息库。静态信息库反映无形资产管理过程中的相关历史资料信息，作为存档记录，为未来无形资产管理工作提供参考；动态信息库则是在全面核查、统计的基础上，反映无形资产的存量以及增减变动情况，随时跟踪无形资产的最新变动情况。以商标、专利为例，通过信息化管理，可以全面掌握国内以及国际的注册和使用情况，及时提出异议或提请宣告无效，减少权利冲突，特别是防止恶意抢注事件的发生，切实保持、维护好企业的无形资产。

②将无形资产信息系统纳入企业信息化系统之中。无形资产信息系统不能独立于企业信息化系统，而应成为其中一个重要的方面。目前，大多数企业财务会计管理人员都利用财务软件完成记账工作，基本实现了会计电算化，与此同时，无形资产的信息化管理可以为会计电算化管理提供补充资料，更加全面、真实地反映报表中的无形资产信息。因此，企业应当不断推动无形资产信息管理的科学化与规范化，充分发挥无形资产信息系统在企业信息化建设以及经营管理中的重大作用。

（三）财务会计固定资产管理

1. 固定资产的概念及特征

固定资产是指使用期限较长、单位价值较高，并且在使用过程中保持原有实物形态的资产。固定资产具有以下基本特征：①预计使用年限超过一年或长于一年的一个经营周期，且在使用过程中保持原来的物质形态不变；②用于生产经营活动而不是为了出售；③价值补偿与实物更新相分离。在固定资产的使用过程中，其价值通过折旧逐渐转移出去，但其物质实体却通常并不同时减损，只有在其不能或不宜继续使用时，才会对其进行更新处置。

固定资产是指具有下列特征的有形资产：①预计用于生产、提供商品或劳务、出租或为了行政管理目的而拥有的；②预计使用期限超过一个会计期间。

固定资产是指同时具有以下特征的有形资产：①为生产商品、提供劳务、出租或经营管理而持有的；②使用寿命超过一个会计年度。

企业中固定资产的判定标准通常有两项：①使用期限在一年以上；②单位价值在一定标准以上。

固定资产在同时满足以下两个条件时，才能加以确认：①与该固定资产有关的经济利益很可能流入企业；②该固定资产的成本能够可靠地计量。

企业在对固定资产进行确认时，应当按照固定资产的定义和确认条件，考虑企业的具体情形，从而进行判断。企业的环保设备和安全设备等资产虽然不能直接为企业带来经济利益，但是有助于企业从相关资产中获得经济利益，也应当确认为固定资产，然而，这类资产与相关资产的账面价值之和不能超过这两类资产可收回金额总额。固定资产的各组成部分各自具有不同的使用寿命或者以不同的方式为企业提供经济利益，从而适用不同的折旧率或折旧方法的，应当单独确认为固定资产。

2. 固定资产的计价

（1）固定资产的计价方法

固定资产的计价主要有以下 3 种方法。

①按原始价值计价。又称按历史成本计价，是指将购置某项固定资产达到预定可使用状态前所发生的一切合理必要的支出作为入账价值。由于这种计价方法有相应的凭证为依据，具有客观性和可验证性的特点，因此成为固定资产的基本计价标准。当然，这种方法具有不可避免的缺点，当会计环境尤其是通货膨胀率和资本成本率较大时，这种方法无法真实反映资产的价值。正因如此，有人主张以现时重置成本来代替历史成本作为固定资产的计价依据。但是，由于现时重置成本也是经常变化的，具体操作也相当复杂，因此我国会计制度仍然采用历史成本来对固定资产进行计价。

②按重置价值计价。该方法又称按重置完全价值计价、按现时重置成本计价，即按现有的生产能力、技术标准，重新购置同样的固定资产所需要付出的代价作为资产的入账价值。

③按折余价值计价。是指将固定资产原始价值或重置完全价值减去已提折旧后的净额作为入账价值。它可以反映企业占用在固定资产上的资金数量和固定资产的新旧程度。

（2）固定资产价值的构成

固定资产在取得时，应按取得时的成本入账。取得时的成本包括买价、进口关税、运输和保险等相关费用，以及为使固定资产达到预定可使用状态前所必要的支出。固定资产项目的成本包括其买价、进口关税、不能返还的购货税款以及为使这项资产达到预定使用状态所需要支付的直接可归属成本。计算买价时，应扣除一切商业折扣和回扣。直接可归属成本的项目具有以下各项：①场地整理费；②初始运输和装卸费；③安装费用；④专业人员（如建筑师、工程师）服务费；⑤固定资产拆卸搬移费及场地清理费。

3. 财务会计固定资产管理的创新

（1）进一步完善内部控制的环境

企业内部控制环境的好坏决定了企业内部控制能否有效执行和落实，加强和完善企业内部控制环境建设也是落实固定资产内部控制的关键，对固定资产管理工作有着重要意义。

①提高财务会计管理人员对内部控制的重视程度。任何一项管理制度的实施均离不开企业高管的强力支持和推动，固定资产内部控制的实施也是如此。财务会计管理人员只有对其给予足够的重视与支持，认真组织和领导内控制度的设计，以身作则严格遵守内控制度，才能为企业全体员工树立一个良好的形象，使企业的内部控制得到全员的真正认可和有效实施。因此，需要加强财务会计管理人员对企业内部控制的认识，要求其对内部控制的含义、目标、要素、作用等进行深入学习，强化其对企业内部控制重要性的认识，使内部控制深入渗透到企业当中，成为企业的基础设施，并真正成为企业的一部分。只有这样，企业的内部控制才能真正发挥其应有的作用。

②加强企业文化建设。内部控制是一项涉及从财务会计管理人员到基层每一个员工的管理工作，而内部控制环境的建设是一个逐步完善的过程，企业只有依托企业文化建设，将企业内部控制融入企业核心文化中，在建设企业文化的同时，潜移默化地进行内部控制文化建设，努力创造良好的企业内控环境，才能让全员都真正认识到企业内控的意义和作用并严格执行。企业应该努力改善裙带关系带来的机构臃肿和士气不高的企业氛围，完善人事控制系统。在固定资产内控管理人员的选择上严格把关，保证因岗设人，加强相关人员的岗前培训及认证考核，确保相关人员了解固定资产内控的有关流程、关键控制点和要求等。

③充分发挥企业内部审计的作用。目前，绝大部分企业并没有针对固定资产设立专门的内部控制部门，而是在实际工作中，由营运管理部、财务部和归口管理部门共同实施，从而导致在实际工作中容易出现有问题后相互推诿的现象。针对这个问题，最好的解决途径就是公司在内部设立一个独立的、咨询性的内部审计机构，专门针对固定资产管理的相关工作进行设置，包括经常性评价固定资产的内部控制制度，评价的范围包括固定资产内控制度的建立是否合理、固定资产内控的执行是否有效、是否严格按照内控规定办理相关业务，定期对内控的健全性和执行有效性进行评估检查，及时发现内控的薄弱环节。

（2）规范固定资产管理相关制度

从上述分析可知，目前各企业在固定资产管理方面都有一套相对完善的固定资产管理制度，从固定资产的采购到固定资产的报废等一系列流程都作了相关规定，在固定资产的内控方面也进行了相关风险的管控，如建立了相关的财务审批制度等。但是，在某些环节的制度仍然不够规范，如盘点、报废等，导致不能落实相关的管理责任与义务。

①固定资产盘点制度的优化。虽然部分企业已经建立了有关盘点的制度规定，但实际操作流于形式，使盘点成为单纯的数量核对，有些甚至数量也未核对准确，从而使盘点没有发挥应有的作用，如清查资产使用状况、清理资产等。因此，应该重新审视自身的盘点制度和盘点流程。固定资产的盘点应严格规定盘点人和监盘人必须同时到位，财务部门以监理人的身份参与盘点。盘点不只是核对数量，还应该对固定资产的使用状况、闲置毁损情况加以观察和记录，对于闲置、毁损的固定资产应综合技改部门的意见，积极盘活固定资产，充分提高其利用率。

②固定资产报废制度的优化。在资产报废方面，存在很大的任意性，导致有些固定资产报废处置造成了很大的损失和固定资产利用率极低的问题。对固定资产进行报废清理时，首先应由各归口管理部门的资产管理专员进行申请，然后必须经质量鉴定部门进行技术鉴定，再上报营运部门进行审核并签署意见，同时，财务部门也应对资产的信息进行核实并签署意见，最后报总经理进行审批后方可处置相关固定资产，严格追究相关责任人的责任。同时，应该注重固定资产的使用率，积极盘活相关闲置固定资产，对于毁损的固定资产视其毁损程度尝试是否通过修理后再使用。

③固定资产保养与维护制度的优化。应该制定切实可行的固定资产维护和保养制度，提高固定资产利用率，降低损失和成本。首先，应该明确固定资产入账后的管理部门，必须责任到人，如生产设备管理员负责车间机器设备的管理和维护，信息化管理员负责电子设备等的管理和维护，等等。其次，对设备的综合效率应该选取适当的评价方法，如选用综合设备效率法，这是一种对公司的设备系统进行整体性能评价的方法，可以借鉴该方法设计出适合自身设备评价的方法。最后，应该严格执行固定资产的维护与保养制度，尽可

能降低固定资产毁损、故障等带来的费用损失。

作为固定资产管理的理论基础，切实可行的固定资产管理制度就是固定资产使用者和管理者的有效行动指南，能够及时解决其管理过程中出现的问题，从而发挥固定资产的最大效能。

（3）改善固定资产管理流程信息体系

随着电子信息技术的高速发展，信息化管理已成为现代企业管理中十分重要的一个环节，它能很好地提高企业的管理效率，尤其是对于固定资产的管理，信息化技术的应用极大地简化了日常的工作量。目前，现代企业对固定资产的管理也运用了信息化管理技术。但存在的问题是，一些大中型企业内的事业部、分子公司就有四五十家，遍布大江南北。从横向管理来说，固定资产的管理涉及各个事业部及分子公司；从纵向管理来说，固定资产的管理流程要贯穿技改部、采购部、运营部、财务部等部门，因而固定资产管理有大量信息需要进行纵横向传递。虽然各事业部或各部门将信息化管理系统运用到了固定资产的管理中，但是由于数据缺乏统一的格式，一些简单的流程变得冗长无效，导致管理效率低、效果差。同时，固定资产的分布很散，管理人员对固定资产的使用状况很难实现动态实时的管理。

鉴于此，应该设立一个基于图形化的固定资产管理信息平台，该平台最大的特色在于添加了现场管理层，并结合二维码管理技术及日常盘点制度重新设计，以实现固定资产的全面跟踪管理。这种固定资产管理信息平台拥有一个信息共享的网络数据库，所有固定资产的责任人都直接标注在图账上，便于明确责任人。同时，由于固定资产管理增设现场负责人，提高了公司对固定资产现场监控的力度，能对固定资产的使用或毁损状况有更详细、更动态的了解。通过二维码技术进行管理，能够将发现的差异或变化通过图账模式的信息平台及时上报财务部门，并修改固定资产的相关资料。现场负责人的存在简化了相关流程，清除了一些非增值活动，并且能够更加准确、及时地对固定资产的状况进行监控，使固定资产的管理水平得到提高。

二、财务会计负债管理及其创新

（一）负债概述

1. 负债的概念

负债是指事业单位所承担的能以货币计量，需要以资产或者劳务偿还的债务。事业单位的负债包括借入款项、应付及预收款项、应缴款项等。

2. 负债的内容

(1) 借入款项

借入款项是指事业单位从财政部门、上级主管部门、金融机构借入的有偿使用的款项。事业单位的借入款无论用于哪个方面，只要借入了这项资金，就构成了一项负债。归还借入款时，除了归还借入的本金，还应支付利息。期末尚未归还的借入款的本金应反映在“资产负债表”的流动负债有关项目内。

(2) 应付及预收款项

应付及预收款项是指单位在各项业务活动开展中由于采用商业汇票结算方式，以及预收或其他原因形成的应向有关方面收取的款项，包括应付票据、应付账款、预收账款和其他应付款等。应付及预收款项应及时清理结算。

(3) 应缴款项

事业单位的各种应缴款项包括按财政部门规定应缴入国库的预算资金、应缴财政专户的预算外资金、应缴税金以及其他按上级单位规定应上缴的款项。

(4) 应付薪酬

事业单位应付职工薪酬是指事业单位按照国家规定应发放给在职人员或离退休人员的工资、离退休费、津贴补贴和其他个人收入。

(二) 负债的确认和计量

1. 负债的确认

首先，负债的确认要进行审核；其次，负债的计量必须合法、准确，有章可循，不可多列，也不得少计，要真实、准确、及时地在会计报告中披露，这样对经营者、职工、投资人、债权人等才公正。负债的确认需要同时满足以下两个条件。

(1) 与该义务有关的经济利益很可能流出企业

从负债的定义可以看出，预期会导致经济利益流出企业是负债的一个本质特征。在实务中，履行义务所流出的经济利益带有不确定性，尤其是推定履行义务相关的经济利益时通常需要依赖于大量的估计。因此，负债的确认应当与经济利益流出的不确定性程度的判断结合起来，如果有确凿证据表明，与现时义务有关的经济利益很可能流出企业，就应当将其作为负债予以确认；反之，如果企业承担了现时义务，但是会导致企业经济利益流出的可能性很小，就不符合负债的确认条件，不应将其作为负债予以确认。

(2) 未来流出的经济利益的金额能够可靠地计量

负债的确认在考虑经济利益流出企业的同时，对于未来流出的经济利益的金额应当能够可靠地计量。对于与法定义务有关的经济利益流出金额，通常可以根据合同或者法律规定的金额予以确定，考虑到经济利益流出的金额通常在未来期间，有时未来期间较长，有关金额的计量需要考虑货币时间价值等因素的影响。对于与推定义务有关的经济利益流出金额，企业应当根据履行相关义务所需支出的最佳估计数进行估计，并综合考虑有关货币时间价值、风险等因素的影响。

2. 负债的计量

负债作为企业的一种义务也应公允表示。由于某一企业的负债是另一市场主体的一项资产，因此，对于负债公允价值的计量理应转换为一项资产的计量。例如，为了估计企业应付票据或应付债券的公允价值，可以估计一个价格，在这个价格水平上，其他实体愿意将该企业的负债作为其资产。但是，负债计量还具有与资产计量不同的地方。例如，任何企业行使自己权利的能力都是相差不大的，但是不同财务状况或信用状况的企业履行义务的能力却是不同的。另外，还需要考虑一个企业的负债转化为另一个市场主体的资产时，产生的利润是否应该包括在负债的账面价值之内。

（三）负债管理方法选择

1. 建立完善的动态监控机制

（1）进一步规范部门职能划分与业务流程

建立适应企业发展的内部管理体系和运行机制，是企业资产负债管理有效运行的基础。首先，结合企业一级法人授权经营的要求，不断改革内部管理的体制，构造责权明确、管理科学、运作高效的组织体系。合理清晰地界定各级管理权限和经营管理职能，提高调控资源的能力，以业务为主线，优化机构布局，调整分支机构设置与职能。其次，理顺企业各级单位内部的机构设置，改变因职责不清造成的相互分割、扯皮、推诿的现象，使内部各个机构都围绕资产负债管理的要求和目标相互配合，形成管理的有机整体。

（2）应用信息系统，整合相关信息资源

对经营管理活动的分析应建立在及时、准确、全面、真实的数据信息上。数据信息具有监督功能，对于资产负债管理，如果没有一套科学、严密、真实反映和有效监督管理活动的数据信息统计体系并严格实施，是不可想象的。目前，许多企业的信息系统已经实现了数据的集中，但是由于基础信息的层级不清晰，客户信息采集相对滞后，存在着信息不对称、杂乱而缺乏整合的问题，影响了整体信息传递速度。因此，首先，要实现对业务的科目管理、期限管理，实现对资产负债在期限结构上的综合管理，建立多维度的信息数据统计，实现信息资源共享，优化资产负债安全配置，满足期限、价格对称关系。其次，要建立以客户为中心的信息管理体系，深入了解客户的需求，对客户实行差别管理，及时收集、积累、更新客户信息，以此为基础对客户信息进行分析，建立现有和潜在的优质客户群，为企业建立资产负债模型分析提供完备的数据资料和信息。

（3）提高风险预警与识别能力，建立风险预警模型

针对企业经营所面对的特定行业和客户群，建立包含各类宏观、微观经济信息和授信基础信息的风险分析数据库，侧重风险主体、风险客体、风险标准和风险业务管理的统一。重点对风险进行识别、评价、管理和监控。强调企业不同职能部门按照风险管理的要求，区分不同的管理层次，对整体风险和单一风险实施统一的组织管理。强调凡是与风险有关的职能部门就必须严格按照本部门的职能履行职责。建立和完善企业风险预警分析方法和计量模型，根据国外商业银行的风险指标体系设定经验，定性指标占全部评价指标的50%以上，且权重不低于70%。风险预警体系应着重对定性指标进行细化和分解，降低主观判断的误差概率，抵消定性分析中的主观成分。结合定量指标，引入时间序列分析，采用有效的计量工具，使风险预警由静态分析转向动态分析。

2. 拓展业务品种，提高资产负债管理的灵活性

负债的多样性和流动性是缺口管理法、持续期管理法、情景管理法等现代负债管理方法有效运用的重要前提。西方商业银行之所以能运用缺口管理法等现代负债管理方法，是因为负债的多样性和流动性。

目前，企业的负债缺乏多样性和流动性。非现金类资产以贷款为主，以证券资产为辅，而现有贷款又存在付息结构单一的难题。针对企业资产的特性，应该通过加强资产组合管理来有效地进行资产项目管理。

以信贷资产为例，一是不同类型的贷款所包含的风险程度是不同的，它们形成的不同组合和结构也会产生不同的整体风险程度，贷款类型和结构必须适应借款人的需要、用途及其信誉度；二是要关注、评估和控制包括客户、地域、类型在内的贷款组合过分单一、过分集中所造成的风险，设立风险警戒线；三是合理选择客户，组建客户群，客户群包括老客户和待发展的新客户、理想客户与非理想客户、发展的客户和正衰退的客户等。为保证资产组合合理、准确，应确定每个客户的风险信用等级，评定量化的指标，可以是销售收入、资产规模、盈利水平、与集团的关系或在集团中所处的位置等。通过分析每个客户可能产生的风险，细分市场，正确选定目标区域，为保证资产质量打好基础。

企业负债主要是存款等被动负债，负债流动性较差，缺少多样性。在负债管理方面，部分企业现行的是一种差额管理模式，即分支机构并不是将所有的资金来源都上存到公司总部，也不是所有的资金运用都从总部借入，而是先将自身的资金来源和资金运用进行轧差，富余部分存到公司总部融资中心，缺口部分才向公司总部借入，而且这种存或借的行为都由分支机构自主决定。

3. 以创新为突破口，不断向负债管理的最优模式靠拢

企业负债管理的最优模式是以风险资本配置为基础，以缺口管理为中心，以利率调

整、资本收费和考核为杠杆，促进负债结构的优化和业务的健康快速发展。要积极拓展业务，加强金融产品的创新，特别是中间业务。中间业务不扩大负债，且能为其取得手续费和佣金收入，增加效益。国外商业银行中间业务收入占总收入的三成以上。目前，企业主要收入来自贷款利息，中间业务收入不足，这从另一个方面反映出风险集中在信贷资产，而创新业务所占份额非常小，为客户服务的品种不多。负债管理的创新须以拓展中间业务为契机，推动企业负债管理水平的整体提升。

建立负债组合管理，实质是对风险资本的管理，是负债管理与风险管理的完美统一。负债组合管理包括资产组合结构、负债组合结构、负债组合匹配管理、风险资本分配与考核、经过风险调整的资本收益率管理和负债组合管理调整建议等内容。要将资产管理与负债管理有机地结合起来，充分考虑两者的匹配度，将风险因素和协调发展进行综合平衡，准确测算经风险调整后的各类资产业务的综合收益率，通过调整后的收益率来分析、确定企业发展什么资产业务，新业务的标准如何。只有在调整后收益率控制在目标值范围内的业务品种，才值得去发展推广。这样就避免了存贷款至上、规模至上的误区，充分考虑了负债的结构调整，在有限资本约束的前提下，能够保持资产业务风险与收益的平衡统一。通过企业内部风险模型测算公司经营活动面临的潜在风险和非预期损失，并综合监管要求、股东回报和承担的风险等因素，为业务配置资本，保证资本被分配到最能发挥其作用的领域，将风险调整与业绩激励机制进行结合。通过对历史数据的积累分析，在一定收益前提下，测算最优缺口偏离度，确定公司缺口风险匹配度偏好，衡量与目标取向的差距，再依据经风险调整后的综合收益率来调整结构和发展方向，促使各负债业务的进度、结构发展变化，达到调整优化组合的目的。要及时根据市场与基本面的情况，做好负债组合管理，在负债组合不断优化的同时，不断提高整体盈利能力，有效控制风险，促使风险与利润、长远利益与近期利益、股东利益与经营目标得以充分结合。

第二节　财务会计所有者权益管理及其创新

一、所有者权益的概念

所有者权益是指企业资产在扣除负债后，由所有者享有的剩余权益。公司的所有者权益又称为股东权益。所有者权益是所有者对企业资产的剩余索取权，它是企业的资产扣除债权人权益后应由所有者享有的部分，既可反映所有者投入资本的保值、增值情况，又体现了保护债权人权益的理念。

二、所有者权益的性质和构成

（一）所有者权益的性质

所有者权益是企业所有者对企业净资产的所有权。它是财务会计的基本要素之一，在金额上表现为企业的全部资产扣除全部负债后的余额，即企业的净资产额。独资企业、合伙企业和公司的所有者权益分别称为业主权益、合伙人权益和股东权益。所有者权益和负债同属权益，都是对企业资产的要求权，企业的资产总额等于负债总额加上所有者权益总额。但是，所有者权益和负债之间存在着明显的区别，可概括为以下几个方面。

1. 性质不同

企业与债权人之间的经济关系一般事先具有明确的规定，债权人按事先规定的条件收取本息。所有者则依据公司的盈利情况和分红政策取得分红收入。负债是企业对债权人承担的经济责任；所有者权益是企业对所有者承担的经济责任。从这一意义上讲，只有所有者才真正承担着企业的经营风险。

2. 权利不同

作为企业负债对象的债权人与企业只有债权债务关系，既无权参与企业的经营管理，又不参与企业的利润分配；作为所有者权益对象的投资人则有法定参与管理企业或委托他人管理企业的权利，与此相适应，所有者也享有债权人所不能享有的权利，除了可能享有较利息更高的股利收入，还包括未分配的净利润，即留存利润。

从“资产-负债=所有者权益”这一会计方程式来看，所有者权益是一种剩余权益。会计计量是以一定的会计假设为前提，以一定的会计原则为依据的。在企业的整个经营过程中，物价、币值、汇率等诸多因素的频繁变动都可能导致会计计量结果偏离实际现时的状况。因此，通过会计核算所得的所有者权益可能是一个账面意义上的所有者权益。一旦企业停业清算，实际归所有者享有的权益只能是全部资产的清算价值扣减全部负债的差额，即所有者权益的实质是净资产的现时价值。

3. 偿还责任不同

负债有规定的偿还期限，一般要求企业按规定的利率计算并支付利息，到期偿还本金。对于债权人来说，利息收入和偿还时间较为固定，与企业的经营成果并无多大关系，承担的风险较小。所有者权益在企业持续经营条件下，投资者一般不能抽回投资。对于投资人来说，其投资报酬与企业的经营成果有密切的关系，投资人对企业的经营活动承担着比债权人更大的风险，同时享受着分配企业利润的权利。

4. 偿还顺序不同

企业对债权和所有权满足的先后顺序不同，一般规定债权优先于所有权，债权是第一要求权，表现为在企业清算时，对企业的剩余资产的要求权，债权人要先于所有者。

（二）所有者权益的构成

不同组织形式的企业，其所有者权益构成项目的名称及包含的具体内容有所差异。但不论何种形式的企业，其所有者权益的基本构成情况大体相同。

通常，所有者权益都应包括投入资本、资本公积、盈余公积和未分配利润。

1. 投入资本

投入资本是指企业的投资者实际投入企业的资本，它是所有者权益的主体和基础。按投资者性质的不同，可分为国家投资、法人投资、个人投资和外商投资等。

与投入资本密切相关的一个概念是注册资本。所谓注册资本，是指企业在设立时向工商行政管理部门登记的资本总额。在资本分次募集的情况下，在最后一次缴入资本之前，投入资本始终小于注册资本。

2. 资本公积

投入资本有确指的投资者，但有些特殊事项引起的所有者权益可能不便归于具体的投资者，但它们又不是由盈利而形成的。这种类型的所有者权益被称为资本公积，主要包括资本（或股本）溢价、接受捐赠财产、外币资本折算差额等。资本公积是一切所有者的共同权益。

3. 盈余公积

盈余公积金是指从税后利润中提取的公积金，包括法定盈余公积金、任意盈余公积金和法定公益金。

4. 未分配利润

未分配利润是指企业实现的利润中留于以后年度分配或待分配的那部分结存利润。

三、所有者权益综合管理

（一）资本公积金管理

1. 资本公积金的概念

资本公积金是指直接由资本或者资产以及其他原因形成的公积金，就其性质而言，资本公积金也是资本，只不过它与投资人投入资本形式不同。作为投资人投入的资本，其来源渠道明了，所投资本隶属关系清楚，每个投资者投入的资本，在企业实收资本中的构成及其以此作基础所享有的权益，都随资本的投入而确定下来。资本公积金则是投资者投入的资本或企业的资产等发生溢价、重估增值等而形成的资本储备，其实质是一种储备性资本。

2. 资本公积金的构成

资本公积金的内容主要包括资本（股本）溢价、法定资产重估增值以及投资者投入的资本是以外国货币记账时所负担的外币折合差额等。

（1）资本（股本）溢价

在两个以上投资者合资经营的企业中，投资者按出资份额对企业享有经营决策权，并承担有限责任。在企业创立时，出资者认缴的出资额全部作为投入资本。如在企业重新组合前，有新的投资者加入时，为了维护原有投资者的权益，新加入的投资者的出资额，并不一定全部作为实收资本处理。这是因为在企业正常经营过程中投入的资金，即使与企业创立时投入的资金在数量上一致，其获利能力却不一致。企业创立时，要经过筹建、试生产经营、为产品寻找市场、开拓市场等过程，从投入资金到取得投资回报，这中间需要许多时间，并且这种投资具有风险性。这个过程中的资本利润率很低。而企业进行正常生产经营后，在正常情况下，资本利润率要高于企业初创阶段的资本利润率。而这高于初创阶段的资本利润率，是初创时必要的垫支资本带来的，企业创办时为此付出了代价。相同数量的投资，由于出资的时间不同，其对企业的影响程度不同，由此带给投资者的权利也不同。往往前者大于后者。因此，新加入的投资者要付出大于原有投资者的出资额，才能取得与原有投资者相同的投资比例。另外，不仅原投资者原有投资从质量上发生了变化，就是从数量上也可能发生变化，这是因为企业经营过程中实现利润的一部分留在企业，形成留存收益，而留存收益也属于投资者的权益，但其未转入实收资本。新加入的投资者如与原投资者共享这部分留存收益，也要求其付出大于原有投资者的出资额，才能取得与原投资者相同的投资比例。投资者投入的资本等于按其投资比例计算的出资额计入实收资本，大于部分即资本溢价应计入资本公积金。

（2）法定财产重估增值

由于企业发生了产权变动，或者发生了兼并、改变隶属关系、清产核资、破产、进行股份制试点、改组、拍卖等，因此企业应按规定对资产进行重估。按照《企业财务通则》规定，资产评估确认的价值与原账面净值差额作为资本公积金处理。

（3）资本汇率折算差额

所谓资本汇率折算差额，就是资产账户与实收资本账户由于采用的折合汇率不同而产生的折合记账本位币差额。企业在筹集资本金过程中，收到的投资者的出资额如为外币，则需要折合为记账本位币金额。按照规定，企业收到的出资额，其资产账户应当按照当日国家外汇牌价或者当月 1 日的国家外汇牌价折合，而资本账户所采用的折合汇率，虽然也是国家外汇牌价，但是采用哪一天的国家外汇牌价，往往与资产账户不一致。投资合同、协议有约定的，应当按照合同、协议约定的国家外汇牌价折合；合同、协议未作规定的，则按照企业收到出资时的国家外汇牌价折合。为了体现资本不变的原则，其差额不得调整资本账户，而作为资本公积金处理。

3. 资本公积金的用途

企业的资本公积金主要用于两个方面：一是企业形成的资本公积金主要用于转增资本金；二是企业投资者以外币投入企业时，若外币折合为人民币时合同约定比价比国家外汇牌价高，则二者之间的差额与投资者的出资额的乘积应冲减企业的资本公积金。

（二）投入资本的管理

1. 投入资本的概念

投入资本是指企业根据合同规定，实际收到所有投入企业的资产，是所有者对企业的出资额，是企业注册登记的法定资本总额的来源。它表明所有者对企业的基本产权关系。实收资本的构成比例是企业据以向投资者进行利润或股利分配的主要依据。《中华人民共和国企业法人登记管理条例》（以下简称《企业法人登记管理条例》）规定，除国家另有规定外，企业的实收资本应当与注册资本一致。企业实收资本比原注册资本数额增减超过20%时，应持资金使用证明或验资证明，向原登记主管机关申请变更登记。

2. 资本的构成

企业的资本由国家资本、法人资本、个人资本和外商资本四项构成。

国家资本，是指有权代表国家投资的政府部门或者机构以国有资产投入企业所形成的资本；法人资本，是指其他法人单位以其依法可支配的资产投入企业形成的资本；个人资本，是指社会个人或者本企业内部职工以个人合法的财产投入企业而形成的资本；外商资本，是指外国投资者以及我国香港、澳门和台湾地区投资者投入企业而形成的资本。

3. 资本的筹集方式

筹资方式（financing modes）是指可供企业在筹措资金时选用的具体筹资形式。我国企业主要有 8 种筹资方式：①吸收直接投资；②发行股票；③利用留存收益；④向银行借款；⑤利用商业信用；⑥发行公司债券；⑦融资租赁；⑧杠杆收购。其中，前 3 种方式筹措的资金为权益资金，后 5 种方式筹措的资金是负债资金。

随着我国金融市场的发展，企业的筹资有多种方式可以选择。在经营中，企业可以根据自身的实际情况选择合理的方式。

（1）借款

企业可以向银行、非金融机构借款以满足经营的需要。这一方式手续简便，企业可以在较短时间内取得所需的资金，保密性也很好。但是，企业需要负担固定利息，到期必须还本付息，如果企业不能合理安排还贷资金就会引起企业财务状况的恶化。

（2）发行债券

债券是公司为筹集资本，按法定程序发行并承担在指定的时间内支付一定的利息和偿还本金义务的有价证券。这一方式与借款类似，但债券融资的来源更广，筹集资金的余地更大。

（3）普通股融资

普通股是股份公司资本构成中最基本、最主要的股份。普通股不需要还本，股息也不像借款和债券一样需要定期定额支付，因此风险很低。但是，采取这一方式筹资会引起原有股东控制权的分散。

（4）优先股融资

优先股综合了债券和普通股的优点，既无到期还本的压力，也不必担心股东控制权的分散。但是，这种方式税后资金成本要高于负债的税后资金成本，且优先股股东虽然负担了相当比例的风险，却只能取得固定的报酬，因而在发行效果上不如债券。

（5）可转换证券

可转换证券是指可以被持有人转换为普通股的债券或优先股。可转换债券由于具有转换成普通股的利益，因此其成本一般较低，且可转换债券到期转换成普通股后，企业就不必还本，而获得长期使用的资本。但这一方式可能会引起公司控制权的分散，且如到期后股市大涨而高于转换价格，会使公司蒙受财务损失。

（6）购股权证融资

购股权证是一种由公司发行的长期选择权，允许持有人按某一特定价格买入既定数量的股票，其一般随公司长期债券一起发行，以吸引投资者购买利率低于正常水平的长期债券。另外，在金融紧缩期和公司处于信任危机边缘时，作为给予投资者的一种补偿，鼓励投资者购买本公司的债券。与可转换债券的区别是，可转换债券到期转换为普通股并不增加公司资本量，而购股权证被使用时，原有发行的公司债并未收回，因此可增加流入公司的资金。

4. 投入资本的计价与各类企业资本的投入

（1）投入资本的计价

按照《企业会计准则》的规定，投入资本应当按实际投资数额入账。具体来讲，如果投资人以现金投入资本时，应以实际收到或者存入企业开户银行的金额计价；如果投资人投入房屋、机器设备等实物的，应按具有资产评估资格的会计师事务所等机构评估确认的价值计价。对于评估确认的价值小于投出单位账面原价的差额，作为累计折旧。评估确认的价值大于投出单位资产账面原价的，应直接按评估确认的价值计价，只不过不存在将确认价值和投出单位账面原价之间的差额计入累计折旧问题；如果投资人投入无形资产，也应按评估确认的价值计价；如果企业以资本公积金转增资本，则以实际转增数计价。

（2）各类企业资本的投入

企业的组织形式不同，投入企业资本的方式也不同。但不论投资者是谁，其投入企业的资本，不随资本金的占用形态的改变而改变，资本一旦投入企业，只表明资本的属性和投资者对企业享有的权利。现仅就不同组织形式企业投入资本金情况说明如下。

①独资企业资本的投入。这里所说的独资企业是指所有制性质单一的企业，如全民所有制企业、集体所有制企业等。这些企业在组建时，所有者投入的资金都应全部作为资本入账。

②有限责任公司资本的投入。这里所说的有限责任公司是指进行股份制试点企业中规定的有限责任公司和私营企业中的有限责任公司。这类企业应按合同或公司章程规定，初建时，按股东实际投入资本入账。如果有新的投资者介入，对新投资者缴纳的出资额，按约定比例的部分记账，大于约定比例的资本额部分，应作为资本公积，不作为投入资本。

③股份有限公司资本的投入。这里的股份有限公司是指注册资本由等额股份构成，并通过发行股票或股权证筹集资本的企业组织形式。股份有限公司的股东，应该在核定的资本总额及核定的股份总额范围内通过发行股票取得。股份制企业发行股票应当按股票面值作为股东投入资本的计价，对于发行股票中出现的差价或折价，按有关规定予以处理。股份有限公司溢价发行股票，应按面值计价，对超过面值的溢价收入与发行手续费和佣金之间的差额，应作为增加企业的资本公积，不能直接作为股本。在我国，现行法规制度不允许折价发行股票，因而不存在股票的折价问题。

如果不属于上述各类企业发生的投入资本，而是现有企业改组为股份制企业，此时应对改组企业的债权、债务进行清理，委托有资格的评估机构进行评估，借以确定原有企业净资产的产权。如果该产权涉及国有资产，必须经国有资产管理部门评估确认。如果评估确认的价值与企业原账面价值有差额，其差额部分应作为调整企业原账面价值和国家基金。

现有企业改组为股份制企业，将原有企业净资产折价入股时，如出现改组企业净资产超过股本的情况，对超过股本部分应作为无形资产入账。

5. 投入资本的管理

根据《企业法人登记管理条例》规定，企业法人实有资本金不允许随意变动，更不准抽回，国家另有规定的除外，但投资者投入的资本金可以转让，如股份有限公司的股东可以转让其股份。然而，即使是转让股份，也应按照法律规定进行转让。

资本金如果发生增加或减少，必须严格按法律程序进行，如企业为了扩大生产经营规模，依照法律规定的条件和程序，可以增加企业的资本金总额；有限责任公司经批准后，可以通过发行新股票或增加原有股票面值来增加企业的资本金。但是，当实收资本增减超过注册资本20%时，应变更登记。如果企业资本超过，或生产经营规模缩小，或发生重大亏损时，应依照法律规定的条例和程序减少企业的资本金；如果是有限责任公司减少资本金，不但要经过股东大会决议通过，还要告知全体债权人，同时应修改公司章程，在债权人对减资无异议后方可办理变更手续。

企业的投资者具有一定的权利和义务。其所拥有的权利就是投资者可以按其出资比例分享企业的利润或者按合同规定分配利润，其所应该承担的义务是按投资者的出资比例分担企业的风险。投资者的权利和义务可具体表述为：①投资者按实缴资本比例或约定分享权利，即分配利润；②投资者按注册资本比例承担义务，即分担亏损。

（三）留存收益的管理

1. 留存收益的概念

留存收益是指通过企业的生产经营活动而形成的资本，即经营所得净收益的积累。

投资者投入企业的资金，通过企业的经营活动不仅要保持原有投资的完整，还要力求超出原有价值，即获取利润。企业利润扣除应上缴国家的税金和其他款项，即为企业的净利润。净利润可以按照协议、合同、公司章程或有关规定，在企业所有者之间进行分配，作为企业所有者投资所得；也可以为了扩充企业实力追加投资；或出于以盈抵亏、预做准备的考虑，出于某些特殊目的，如集体福利设施准备等，可将其中一部分留下不作分配。这里留下的净利润与企业所有者投入的资金属性是一致的，均为所有者权益范畴。

2. 留存收益的分类

留存收益属于所有者权益，所有者可以安排分配。但是为了约束企业过量分配，国家要求企业留有一定积累，以利于企业持续经营，维护债权人的利益，以及改善职工福利生活条件等，这部分指定用途的留存收益，称为盈余公积；另一部分是没有指明用途，也没有分给企业所有者的净利润，称为未分配利润。

3. 盈余公积金管理

盈余公积是指企业按照规定从税后利润中提取的积累资金。盈余公积根据其用途不同又分为法定盈余公积金和公益金两种。法定盈余公积金可以用于弥补以后年度亏损，或补充实收资本等；公益金是专门用于企业职工集体福利设施的准备，一旦职工集体福利设施购建完成，应将公益金转为法定盈余公积金。

法定盈余公积金，指按照税后利润扣除被没收的财产损失、支付各项税收的滞纳金和罚款以及弥补企业以前年度亏损后的10%提取，企业提取的盈余公积金已达注册资本的50%时可不再提取。企业的法定盈余公积金可按照规定用于弥补亏损或者用于转增资本金。但是，转增资本金后，企业的法定盈余公积金一般不得低于注册资本的25%。在提取法定盈余公积金前，不得向投资者分配利润。

公益金是按规定从税后利润中提取的，主要用于职工福利设施支出。职工对这些集体福利设施只有使用权没有所有权，如兴建职工宿舍、托儿所、理发室等。公益金是构成所有者权益的一部分，并没有因购建集体福利设施而使所有者权益减少，只是资金运用方向的改变。企业以前年度亏损未弥补完，不得提取公益金，在提取公益金以前不得向投资者分配利润。

4. 未分配利润管理

未分配利润是指未分配的净利润。它有两层含义：一是指没有分给企业投资者；二是指这部分净利润没有指定用途。未分配利润作为所有者权益的一部分，可用于以后年度利润的分配，也可用于弥补以后年度的亏损。

企业实现的利润分配去向大体有三类：一是上交国家，一般以所得税形式上交；二是分给投资者，以利润分配的形式分配；三是留在企业。第一类是企业对国家的义务，不属于所有者权益。未分配利润为企业实现利润与已分配利润的差额，这种差额的产生如由于少计或未计应交所得税和应交款项而致，那么，未分配利润就不能全作为所有者权益，因此，为了真实地反映企业所有者权益，企业应及时计算结转缴纳的所得税和其他款项。

第三节 财务会计收入、费用、利润管理及其创新

一、财务会计收入管理

（一）收入概述

1. 收入的特点

（1）收入从企业的日常活动中产生，而不是从偶发的交易或事项中产生

有些交易或事项也能为企业带来经济利益，但不属于企业的日常活动，其流入的经济利益是利得，而不是收入。例如，出售固定资产，因为固定资产是为使用而不是为出售而购入的，将固定资产出售并不是企业的经营目标，也不属于企业的日常活动，出售固定资产取得的收益不能作为收入核算。

（2）收入能够引起企业所有者权益的增加

收入可能表现为企业资产的增加，如增加现金、应收账款等；也可能表现为企业负债的减少，如以商品或劳务抵偿债务；或者二者兼而有之，如商品销售的货款中部分抵偿债务，部分收取货币资金。根据“资产=负债+所有者权益”的公式，企业取得收入一定能

增加所有者权益。

（3）收入不包括为第三方或客户代收的款项

企业为第三方或客户代收的款项有增值税销项税额、代收利息等。代收的款项，一方面增加了企业的资产，另一方面增加了企业的负债，因此不会增加企业的所有者权益，也不属于本企业的经济利益，不能作为本企业的收入。

（4）收入必须与相关的费用配比

收入之所以必须与取得该收入相关的费用相配比，是因为收入和费用存在着密切的联系。费用本质上是为取得收入而发生的支出，而收入则表示发生费用所带来的结果，因此，收入必须与相关的费用相比较，以确定当期的净损益，这样对收入的确认、计量、记录和报告才有实际意义。

2. 收入的内容

（1）主营业务收入

主营业务收入是指企业在其主要的业务活动中所取得的收入，也称基本业务收入。主营业务收入在企业的营业收入中占有较大的比重，直接影响企业的经济利益，是企业组织收入的重点。主营业务收入的范围根据企业性质的不同而不同，如工业企业的产品销售收入、商品流通企业的商品销售收入、施工企业的承包工程价款结算收入等，均属于主营业务收入。

（2）其他业务收入

其他业务收入是指企业在其次要或者附带的业务活动中所取得的收入，亦称附营业务收入。与企业的基本业务收入相比，其他业务收入在企业中处于次要地位，如一般企业固定资产的出租、包装物的出租和出售等，均属于其他业务收入范畴。

把营业收入划分为主营业务收入和其他业务收入，目的是指明企业财务会计管理的重点，使企业能够按主次顺序有重点地实施管理工作。

（二）收入的预测

预测是指采用科学的方法预计、推测事物发展的必然性或可能性，即根据过去和现在的情况预计未来的情况。企业为了加强收入管理，必须做好收入预测工作。企业的收入主体是销售（营业）收入，因此，收入预测主要是销售收入的预测。销售收入预测是企业经过充分的调查研究，收集各种有关的信息和数据，运用一定的方法，对影响企业销售收入的各种因素进行分析，测算出企业在未来一定时期内各种产品的销售量及价格变化趋势。企业可以根据销售预测情况改进销售工作，提高销售的工作效率，并根据销售预测来确定生产经营计划，调整经营目标，争取更高的经济效益。

1. 销售收入预测的程序

企业为了准确地预测销售情况，应该充分调查了解影响销售的各种因素的变化，按以下程序正确地组织预测工作。

（1）确定预测对象，制定预测规划

预测必须先确定预测的对象以及预测工作要达到的目的。对产品销售收入的预测是一项复杂的工作，应该有重点选择预测的对象，组织人力研究调查方案，制定预测规划。

（2）收集、整理有关数据、资料，并进行分析和比较

这是预测的基础工作。只有掌握了大量的数据、资料，才能提高预测的可靠性。这些数据、资料包括影响销售收入的各种外部和内部因素，对这些资料进行分类，可为进一步的预测分析做好准备工作。

（3）定性分析和定量测算

企业根据预测对象，选择适当的预测方法，提出数学模型，对销售情况做出定性分析和定量测算。企业在进行销售收入预测时，应根据不同的预测对象和内容，选择不同的预测方法，以使预测的结果更加准确。

（4）分析预测误差

由于经营活动中存在许多不确定性因素，企业在预测时不可能对未来的情况完全预计到，或多或少会出现一定的偏差，因此，企业在预测时要计算、分析可能出现的各种情况，估计预测的误差范围。

（5）评价预测效果

这种评价是事后进行的，企业将预测的结果同实际发生的结果相对比，分析出现差异的原因，以便进行修正，为以后的预测提供更加可靠的信息。

2. 销售收入预测的方法

预测是编制生产经营计划的基础，预测准确与否直接影响企业生产经营决策的制定。在复杂多变的市场经济环境中，预测人员必须具备良好的素质和丰富的经验，在掌握大量数据信息的基础上，选择科学的预测方法，以提高预测的准确性。销售收入预测的方法有许多，常用的方法有简单平均法、加权移动平均法、指数平滑法、回归分析法、百分比率递增法等。以下介绍指数平滑法、回归分析法和百分比率递增法。

（1）指数平滑法

指数平滑法是对前后各期数值区别对待，分别给予不同的权数来计算预测值。考虑到近期信息对预测值的影响比远期大，因此，越是近期的信息，权数越大，而远期的权数较小。

(2) 回归分析法

回归分析法主要是指一元回归直线法。一元回归直线法是根据自变量的变动来预测因变量变动趋势的方法。

(3) 百分比率递增法

百分比率递增法是根据历史资料，用环比发展速度的序时平均计算出其每年增长的百分比来预测该项目未来期望值的方法。

(三) 收入的日常管理

1. 认真执行销售合同，监督发出商品计划的编制和执行

(1) 认真签订和执行销售合同。企业财务部门要积极协助销售部门组织好销售合同的签订和执行工作，并对销售合同规定的各项内容和企业应承担的经济责任认真、仔细地进行审查、核实。

(2) 编制季度和月度发出商品计划，按照合同要求组织产品的包装和发运。

(3) 财务部门对发出商品计划的制订和执行要进行监督。

2. 及时办理结算，尽快取得销售货款

产品在发运以后，财务部门应随即通过银行与购货单位进行结算，取得货款。在采用托收承付结算方式时，财务部门要在银行规定的期限内办理托收手续，取得结算借款，同时要根据预计的货款划回日期，监督购货单位按时支付货款。对于不遵守支付约定长期拖欠货款的单位，除采取各种办法催收货款，应按照合同的规定，要求对方赔偿经济损失，并可以征得银行同意，改用其他结算方式，保障货款及时收回。

3. 搞好售后服务，掌握市场反馈的信息

搞好售后服务，认真听取用户意见，及时掌握市场反馈的信息，是企业发展、走向成功的必由之路。

二、财务会计费用管理

(一) 费用

1. 费用及其特征概述

费用（成本）是指企业为销售商品、提供劳务等日常活动所发生的经济利益的流出，是企业在生产经营过程中发生的各项耗费，包括生产（劳务）费用和期间费用。

费用具有以下两个基本特征。

(1) 费用最终将会减少企业的资源

这种减少具体表现为企业资金支出，从这个意义上说，费用本质上是企业的资产流

出，它与资产流入企业所形成的收入相反。

（2）费用最终会减少企业的所有者权益

通常，企业的资金流入（收入）会增加企业的所有者权益；资金流出会减少企业的所有者权益，即形成企业的费用。但是，企业在生产经营过程中，有的支出是不应归入费用的。例如，企业以银行存款偿付一项债务，只是一项资产和一项负债的等额减少，对所有者权益没有任何影响，因此，不构成费用；企业向投资者分配股利或利润，这一资金流出虽然减少了企业的所有者权益，但其属性是对利润的分配，不是经营活动的结果，也不应作为费用。

2. 费用管理的意义

费用管理是指通过一系列的方法，对企业在生产经营中发生的费用进行预测、决策、分析、考核等一系列管理活动，其主要目的是降低费用，提高企业的经济效益。

（1）通过费用管理活动可以降低费用

企业取得的收入，应补偿产品生产过程中支出的费用，只有这样，企业才能维持再生产。若收入大于费用，则形成企业的盈利，可用于企业的扩大再生产；若收入小于费用，则是亏损。企业发生亏损实际上就是减少企业的资本。如果亏损总额达到了企业的资本总额，则企业不但不能继续经营下去，还将面临破产的风险。费用水平的高低直接威胁到企业的生存。因此，通过费用管理活动降低费用，对企业的生存与发展具有积极作用。

（2）通过费用管理活动可以提高企业费用信息的准确性

费用信息主要是为企业内部的经营管理服务。费用信息的准确与否，对于企业管理者是非常重要的，准确的费用信息可使费用预测和决策建立在可靠的基础之上。企业欲获得准确的费用信息，可通过完善的费用管理系统进行。

（3）通过费用管理活动可以提高企业的经营管理水平

费用指标是一项综合性的经济指标，企业各项工作的好坏，最终都能在费用指标的高低上体现出来。因此，企业通过费用管理工作，能揭示自身在经营管理工作中存在的问题，找出产生问题的原因，提出进一步改进的措施。因此，费用管理工作的开展，可以促使企业改善生产管理、技术管理、质量管理、劳动管理、物资管理等方面的经营管理工作，提高企业的经营管理水平。

（4）通过费用管理活动可以提高企业的竞争能力

企业费用水平的高低对产品的价格影响很大：若企业的费用水平较低，产品价格就可以定得较低；若费用水平较高，低价格就会使企业处于不利的境地。通过有效的费用管理活动，可以降低企业的费用水平，提高企业在市场中的竞争能力。

(5) 通过费用管理活动可以增强企业员工的费用意识

费用管理除了要应用科学的方法，还要求费用管理人员有强烈的费用意识。费用降低的潜力是很大的，关键在于费用管理人员是否重视费用管理和费用控制。

3. 费用管理的要求

(1) 集中统一与分散管理相结合

集中统一是指费用管理工作应在负责经营管理的厂长（经理）的领导下，由财会部门负责统一管理、统一协调和统一核算。分散管理是指由各个生产部门及职能部门根据其自身的职责分工，对应负责的费用进行管理和控制。集中统一与分散管理相结合，能充分调动各方面的积极性，共同完成费用管理工作的任务。

(2) 在费用形成过程中，技术因素占有很重要的地位

若要搞好费用管理工作，就必须做到技术与经济相结合。费用管理工作不仅是财务部门的事，还与企业的各个部门都有密切的联系，因而要克服搞技术的不问成本费用、搞费用管理工作的不参与技术决策的倾向。费用管理的重要任务就是降低费用，而降低费用涉及产品设计、工艺改革、材料选用等方面的问题。只有各方面协同努力，才能做好费用管理工作。

(3) 专业管理与职工管理相结合

费用管理是一项专业性较强的工作，没有经过专门培训的人员是做不好这项工作的。但是，只靠专业费用管理人员来做费用管理工作显然是不够的，从另一个角度来看，费用管理工作也是一项群众性工作，只有依靠全体职工的共同努力，才能做好这项工作。

(4) 费用最低化

费用管理的主要任务是在一定的条件下，分析影响各种降低费用的因素，制定可能实现的最低的费用目标，通过有效的控制和管理，使实际执行结果达到最低目标费用的要求。

(5) 全面费用管理

在费用管理的实践中，有许多企业陷入了一个误区，主要表现在偏重于实际费用的计算、生产费用的计算，而忽视了其他费用管理的工作。其实费用管理是一项系统工程，涉及企业的所有部门和全体员工。某一个部门或某一个员工在费用管理工作中出现问题，都会影响费用管理工作的整体效果。

（二）费用管理的内容

费用管理的内容一般包括费用预测、费用决策、费用计划、费用控制、费用核算、费用分析和费用考核等。

1. 费用预测

费用预测是根据有关的费用资料及其他资料，通过一定的程序、方法，对本期以后的某一个期间的费用所做的预计和测算。费用预测可就某种产品的成本进行预测，也可就企业的总费用进行预测。通过费用预测，企业可以了解未来的费用水平，从众多的方案中选择最佳的方案，还可以检查企业能否完成既定的费用计划，从而采取相应的措施，降低费用。

2. 费用决策

费用决策是指在费用预测的基础上，通过对各种方案的比较、分析、判断后，从多种方案中选择最佳方案的过程。费用决策的好坏，直接关系日后费用水平的高低。要进行正确的费用决策，企业应进行多种方案的比较，考虑多种因素才能做出正确的决策。做好费用决策工作，对于完成费用计划、提高企业的经济效益也具有非常重要的意义。

3. 费用计划

费用计划是根据计划期内所确定的目标，具体规定计划期内各种消耗定额及费用水平以及相应地完成费用计划所应采取的一些具体措施。费用计划是费用管理工作的一项重要内容，它对于建立费用管理责任制以及控制、降低费用具有重要的意义。

4. 费用控制

费用控制是预先制定费用标准作为各项费用消耗的限额，并以此对生产经营过程中实际发生的费用进行控制，及时揭示实际与标准的差异并对产生差异的原因进行分析，提出进一步改进的措施，消除差异，保证定额费用实现的过程。进行费用控制，不仅可以使费用目标得以实现，而且可以通过有效的费用控制不断降低费用。

5. 费用核算

费用核算是指对生产过程中发生的费用按一定的对象进行归集和分配，采用适当的方法计算出费用计算对象的总费用和单位费用的过程。费用核算是费用管理中最基本的内容。费用管理的其他内容都是在费用核算的基础上进行的，因而费用核算在费用管理中占有十分重要的地位。通过费用核算，计算出产品的总成本和单位成本，可以考核企业费用计划的执行情况，揭露生产过程中存在的问题，因而还可以为制定产品的价格提供重要的依据。

6. 费用分析

费用分析是根据费用核算所提供的资料及其他有关的资料，对实际费用的水平、构成情况，采用一定的技术经济分析方法计算其完成情况、差异额，分析产生差异的原因的过程。通过费用分析，可以总结费用管理工作中的成绩，掌握费用变动的规律，找出存在的问题，提出解决问题的办法。这样，有利于实现降低费用的目标，并为以后的费用决策、费用计划编制提供重要的参考资料。

7. 费用考核

费用考核是将企业制订的费用计划、费用目标等指标，分解成企业内部的各种费用考核指标，并下达到企业内部的各个责任单位或个人，明确各单位和个人的责任，并按期进行考核。费用考核是实行内部经济责任制必不可少的一个环节，它可以调动各责任单位完成费用计划的积极性。企业在进行费用考核时，应与一定的奖惩措施挂钩，以经济手段促使企业费用不断降低。

综上所述，费用管理的内容是相互联系的一个整体，它们相互依存、相互结合，在费用管理中发挥着重要作用。

（三）费用管理的政策建议

1. 选择合理的投资项目

企业应结合自身的资金情况，增强筹集资金的能力，进而选择合理的投资项目，同时对投资项目做好可行性研究分析，在一定程度上避免盲目投资，确保资金的安全性。企业在经营过程中，需要结合自身的实际状况，仔细分析资金的流向问题，进而准确掌握资金总量和需求总量，同时，科学合理地评估现有的投资能力，积极寻找实现规模经济要求的投资项目。不同的投资项目在市场上的需求有所不同，假设某产品出现严重供大于求的现象，在这种情况下，如果企业仍然对该产品进行投资生产，那么在激烈的市场竞争中，企业将会难以立足，因此，对资金实力一般的企业，“知难而上”的做法显然是错误的。在市场经济条件下，获得大的成功的企业，往往是那些善于发现市场空白的企业。在投资项目选择方面，确定了投资领域后，企业需要利用科学的手段，对投资效果等进行可行性研究和分析以及选优等，进而在一定程度上提高资金的使用率，避免投资的盲目性。

2. 加大创新力度，提高资金利用率和生产效率

企业应通过多种方式对营销加强管理，压缩库存，增加销售收入，降低银行借款，减少利息费用。

（1）加大改革创新力度，研发竞争力强的产品

企业需要与市场经济发展相适应，加大研发力度，不断生产出消费者喜欢的产品，进而在一定程度上减少库存，增加企业收益。这一切都需要科学地预测、研究市场需求，进而不断开发新产品，开拓新的市场，扩大市场份额。

（2）确保产销之间的平衡

对于企业来说，如果产品生产出现盲目性，进而导致供大于求，在一定程度上必然增

加库存量。为了减少库存，提高资金的利用率，企业需要对市场需求进行科学的预测和决策，制订完善的销售计划，以此为基础，周密安排期初、期末的存货，同时科学合理地确定产品的生产计划。

（3）合理安排生产、控制生产时间，确保生产设备正常运行，防止发生生产线混乱现象

对于产品来说，如果生产周期过长，在一定程度上必然增加库存量，企业可以通过合理安排生产、进行标准化操作、降低设备的事故频率，加强管理，进而在一定程度上缩短产品生产周期。

3. 量力举债，调整产品结构、投资结构，降低财务费用

在财务理论方面，无论通过何种渠道获得相应的生产资金，都要花费一定的成本或代价。目前，在资金的筹集渠道方面，大多数企业主要有两种方式：①向债权人借贷，也就是获取负债；②所有者提供相应的资本。通过这两种渠道筹集资金，通常情况下，付出的成本代价也存在一定的差异。在进行生产经营规划的过程中，企业需要对负债比例进行合理的安排，在一定程度上避免盲目发展。

4. 加强外汇管理，采取防范措施

国际市场复杂多变会造成世界金融市场汇率大幅波动，这给很多企业带来了影响。对于一些企业来说，其生产经营必须以稳定的汇率环境为基础，因而需要对外汇加强管理，采取相应的措施积极防范和化解汇率风险，具体措施如下。

（1）企业要不断强化汇率风险防范意识

受计划经济体制的影响，我国在金融创新方面与发达国家之间存在一定的差距，企业管理层和财务人员对金融工具和金融衍生品比较陌生，同时对外汇市场的波动缺乏正确的认识，许多潜在的风险没有引起足够的重视。因此，对于企业来说，增强汇率风险的防范意识显得格外重要。

（2）利用银行服务，委托银行合理运用金融工具提高防范风险的能力

防范汇率风险是一项技术性较强的业务，直接关系国家和企业的经济利益。汇率有风险，企业可以委托银行合理运用化解风险的金融工具。

（3）加强外汇人才的储备和培养

对于企业来说，通过对外汇人才进行储备和培养，在一定程度上不断充实外汇人才，进而充分利用金融衍生工具，可以把将来瞬息万变的汇率风险通过借助银行金融服务降低下来，才能使汇兑损失不再成为财务费用不可估量的组成部分，才能适应企业各项业务发展的需要。

三、财务会计利润管理

利润是企业在一定期间的经营成果，是收入减去费用的差额，包括营业利润、利润总额和净利润。若企业一定时期实现的各项收入不能抵补费用，其负数差额即为亏损。企业利润管理活动的主要目的就是要不断增强企业的获利能力，提高企业的盈利水平。企业的利润管理包含利润形成（来源）与利润分配的管理，利润形成的管理重点是对收入、费用的管理，利润分配的管理主要有股利政策的确定、股利支付方式及支付程序的选择等。

（一）利润的意义

利润在企业经营管理中，特别是在财务会计管理中具有重要的意义，主要体现在以下几个方面。

1. 利润是实现企业财务会计管理目标的基础

企业财务会计管理的目标是实现企业价值的最大化，企业价值最大化是企业利润与风险的最佳组合。只有企业实现足够的利润，才能完成企业财务会计管理目标，企业债权人、股东的利益才会得到保障。企业在重视风险因素评估、考虑企业长远利益的条件下，获得的利润越多，一方面说明生产经营活动中的消耗少、产品成本低；另一方面说明产品适销对路、质量优良、产销数量多。因此，利润指标反映了企业的经营效率和经营业绩，是衡量和评估企业经济效益的一个重要标准。

2. 利润是企业对社会作出贡献的来源

企业的一个重要任务就是向社会提供合格的产品和令公众满意的服务。在提供产品与服务的过程中，企业要耗费人力、物力和财力资源，于是形成了企业的成本与费用。利润是社会向企业支付的价格超过企业资源耗费以后的差额，是社会对企业劳动的承认和奖励。

企业获取利润后要向国家纳税，也就是要按照国家税法的规定按期、足额上缴各项税收，支持国家和社会的建设。此外，企业也可以通过各种公益性赞助直接参与社会公益事业，为社会发展作出贡献。因此，企业只有获取更多的利润，才能对社会作出更大的贡献。

3. 利润是企业发展的重要资金保障

节约成本和费用开支可以增加企业的利润，但成本和费用开支的节约毕竟有一个限度，而通过各种经营增加企业的营业收入从而增加利润则是无限的。挖掘现有企业的潜力，使现有资源得到更充分的利用，可以给企业带来更多的营业收入。追加投资也可以增加企业的营业收入。利用留存利润追加投资，扩大企业生产经营规模，不但能给企业带来更多的利润，也有利于提高企业财务的安全性。由此可见，利润是企业发展的一项重要资金保障。

4. 利润是企业分配的基础

股东投资于企业的最主要的目的是获取投资收益。企业取得的利润在缴纳所得税以后，余下的是企业可供分配的利润，按规定应先计提一定比例的公积金，余额可以向股东发放股利。利润不断增加是股利不断增加的前提，企业应以不断增加的股利回报股东的投资。

5. 利润是投资、信贷决策的重要依据

投资的主要目的是获取投资收益，债权人则关注贷出资金的安全性。这些都要求企业必须具有较好的获利能力，而利润额正是表现企业获利能力的重要指标。

6. 利润是改善职工生活福利的必要条件

随着企业利润的增加，职工的物质和文化生活将逐步得到改善。企业实现的利润越多，越有利于改善企业职工的生活福利。

（二）利润的内容

1. 营业利润

营业利润即销售利润，是企业通过生产经营活动所取得的经营成果。营业利润是企业利润的主要来源，它能够恰当地反映企业经营管理者的经营业绩。

2. 利润总额

利润总额即一般所说的会计利润、税前利润，它是企业在一定时期取得的财务总成果，既包括企业经营活动取得的成果，也包括企业非经营活动取得的成果。其中，营业外收支与企业的日常经营活动均没有直接的关系，偶发性很强，多数情况下都是意外发生的，而且每项收入、支出往往都是彼此孤立的，不存在匹配关系。

3. 净利润

净利润是利润总额减去所得税费用后的余额，也称税后利润。企业所得税是国家对企业的应税所得征收的一种税。净利润是一项非常重要的经济指标。对于企业的投资者来说，净利润是获得投资回报大小的基本因素；对于企业管理者而言，净利润是进行经营管理决策的基础。此外，净利润也是评价企业的盈利能力、管理绩效以及偿债能力的基本工具，是反映和分析企业多方面情况的综合指标。

（三）目标利润管理的要求、程序与方法

目标利润是指企业在一定时间内争取达到的利润目标。目标利润管理是目标管理原理

和方法在利润管理中的具体运用。目标利润管理是通过制定目标利润并将其归口分级进行分解落实，以保证目标利润实现的全过程。

1. 制定目标利润的基本要求

（1）目标的合理性

目标利润的制定，不是对企业现有状况的消极反应，而应当考虑企业未来持续经营与发展。因此，目标利润应有激励作用。企业在制定目标时，要在已实现利润的基础上，充分挖掘增加利润的潜力；要充分估计实现目标利润的风险程度，制定利润目标要留有余地，要切实可行。

（2）环境的适应性

制定目标利润要充分考虑企业内部和外部环境，必须平衡资源条件，协调内外关系。企业内部环境的改善必须朝着适应外部环境的方向进行，如企业经营规模的扩大、产品质量的提高以及花色品种的改善都必须考虑外部资源条件和市场需求。

（3）指标的周密性

企业在建立自己的目标体系时，要将影响企业效益和发展的每一个环节都纳入目标体系之中。利润既是多种因素交互作用的结果，也是经营活动各环节、内部各部门相互衔接、密切配合的产物，各项具体目标必须支持总目标，各目标之间也应相互配合，使实现目标利润具有坚实基础。

2. 目标利润的规划程序

（1）考察上期利润计划的执行情况，分析下期影响利润变动的因素，通过对上期计划利润执行情况的分析，弄清影响企业利润执行情况的主要因素。此外，企业需要根据市场调查、销售预测的有关资料，测定并分析影响利润的各种因素对未来目标利润的影响方向及程度。

（2）确定初步的利润目标。企业在利润预测的基础上，参照过去利润增长的实际状况，并考虑现实条件，确定初步的利润目标。

（3）通过综合平衡，最终确定目标利润。最终的目标利润是在考虑各种环境条件变化的基础上，通过对影响目标利润的诸要素进行全面分析评价和综合平衡，最后确定的目标利润。

3. 制定目标利润的方法

（1）量本利分析法

量本利分析法是利用商品销售量（额）、固定成本及变动成本与利润之间的变动规律对目标利润进行预测的方法。

（2）倒算法

倒算法是指企业根据自身发展积累，为改善集体福利、增加投资分红等需要，匡算企业税后利润，倒算出目标利润的方法。

（3）比率法

比率法是指根据利润同有关财务指标的比例关系，通过取得相关比率来预测未来某一时期利润的方法。其中，常见的比率有销售利润率、资金利润率、成本费用利润率等。使用这种方法，应具备两个条件：一是销售预测准确；二是销售利润率指标较为稳定，能够反映企业的经营趋势。

（4）因素综合分析法

因素综合分析法是指在基期利润水平的基础上，综合考虑未来年度产品销售数量、价格、销售结构、商品销售成本、税金等因素变动对利润的影响程度，求得目标利润。

（5）利润增长比率法

利润增长比率法是指企业根据上年度达到的利润水平及过去连续若干年（通常为近两年）利润增长率的变动趋势与幅度，并结合预测期可能发生的变动情况，确定预计增长率，然后求得目标利润。

（6）经营杠杆系数法

经营杠杆系数法是指在基期息税前利润的基础上，根据经营杠杆系数和销售额变动率之间的关系来预测利润的一种方法。

目标利润预测只是目标利润规划的第一步。在预测的基础上，企业决策层还要考虑其他相关因素，包括企业的外部环境、企业的发展战略和企业的内部条件。在风险与报酬之间综合权衡，进而确定企业在未来一段时期的目标利润，并考虑企业未来相关因素的变动，调整确定目标收入和目标成本，以保证目标利润顺利实现。

第三章　企业财务会计模式创新

第一节　财务会计管理模式

一、新会计制度下企业财务管理模式

企业单位和事业单位的发展，离不开财务管理。财务管理的优化对企事业单位意义重大。因为原有会计制度存在诸多不足，组织的发展已经受到了很大的影响。对于企业发展来讲，基于新会计制度的财务管理具有明显的决策性作用。当前，中国经济进入了快速发展的新常态，会计制度变革势在必行。在当前已经革新的会计制度面前，企业财务管理人员要对财务管理作出相应的变革。这是企业可持续健康发展的基础。

（一）新会计制度在企业财务管理实施中的重要作用

第一，促进企业财务管理理念的积极转变。毋庸置疑，获取利润是企业发展的主要目标，提升业务能力是企业孜孜不倦的追求。这种情况下，企业财务管理就无形中变成了辅助企业发展的重要部门。随着企业管理理念变革力度的不断加大，企业只有不断适应新会计制度的相关规定，才能让企业获得可持续发展。第二，提高财务管理人员的工作效率。原有的财务管理制度，财务管理人员的工作惰性、工作惯性对工作的影响很大，相对应的工作效率也很低，工作积极性受到很大影响。新会计制度的推出，对财务人员的业务能力提出了新要求，也更注重财务人员的工作效率及工作积极性，让他们更多地注重单位的长远发展目标并为之服务。在新会计制度下，财务部门会科学有效地设置财会岗位，在尽可能降低成本的情况下，提高工作效率，进而让企业效益最大化。第三，提升企业财务核算流程的完善程度。新会计制度的实施，一部分关注在企业的财务核算流程的完善上。很多情况下，组织要想尽可能提升组织能力，就要实现财务核算流程的完善再造。在原有流程不再适应企业发展的需要时，就要尽可能推进流程再造。例如，在财务报销中，原有的报销制度下，财务人员要在粘贴好发票后，到相应窗口实施报销，很多时候，因企业人员众多，会出现排队报销的情况，效率低下不说，还很容易出现差错，影响了企业的快速发展。新会计制度下，企业实施网上报销，在不需要排队的情况下，财务报销就会高效率地

完成，提升了效率，节省了人工，降低了成本。

（二）企业财务管理模式优化策略

1. 增强对新型财务工作的重视

随着时代的快速变化，国家实施了新企业会计准则体系，企业开展财务会计核算工作时面临着更为严格的要求，企业必须因此形成更全面、准确的数据资料库，这是企业发展所面临的挑战。但与之对应的是，新会计准则已经缩短了其与国际会计报告准则的差距，这就为企业财务工作的进行创造了良好的外在条件，也使得企业纷纷加深了对财务工作价值的认识，从而自发地参与到现代化财务工作体系中。传统财务工作模式下许多企业对财务数据分析的认识不足，导致其对财务工作者素质、专业程度的把关不严格，许多资质和经验不足的员工流入岗位。基于此，企业需要在新会计准则的指导下，主动转变思想观念，将财务工作提升到重要日程，并且加大资金、技术投入力度，为财务工作的开展奠定坚实基础。

2. 强化财务人员信息化技术分析工具的使用

在新会计准则的指导下，企业需要促进财务工作与信息技术的高度融合，传统的财务工作主要依靠人力完成财务分析等系列工作任务的习惯必须得到改变，按照有关经济法的要求，可以将与资金相关的诸多数据作为对象加以考察，确保信息的实时性和准确性，并且有效降低人力、物力资源的消耗。具体来说，企业要注重考察财务人员的资历及其从业经验，适当提高员工准入门槛，将不符合工作能力要求的员工排除在财务工作范围之外，确保员工具有一定的综合知识广度和深度。同时，企业要注意加强对财务工作者信息技术能力的培养，使其可以对数据做有效整理。

3. 强化企业自身财务管理与控制

为确保新会计准则能够在企业财务管理过程中更好地落实，企业必须从内部出发，强化自身财务管理与控制的力度，并以此为基础建立科学合理且高效的财务监控管理制度体系。要想提升企业内部人员的财务管理意识，就必须提升资金管理工作的地位，并以细化的形式让其体现在各个部门的实际工作之中；对资金利用效率也加以关注，并将实现企业资金利用效率最大化作为提升管理的主要目标，以此来实现资金和使用高度配合；企业物资管理也需加强控制，让物资的采购工作、使用工作、销售管理制度能够更加规范；可采用现存货物管理的方式对现存货物和应收账款的管理工作加以辅助，解决企业流动资金匮乏或资金流转性较差的问题。

4. 注重反映企业盈利结构合理化

企业财务分析在企业结构上要注重企业资金结构的反映，即对企业结构进行分析时要了解不同资金所在不同位置的流向，对企业在项目中所使用的人力、物力成本做初步的分析和精准性的把握，对以往的资金流向起到历史性的参考作用，对当前及日后的资金流向做实时动态监测，实现企业的财务资金明朗化；通过对企业不同时期数据的对比，增强财务分析决策的科学性和有效性。新会计制度，对企业的纪律条例有了新的规范，要求企业法人以及相关的财务部门对内部资金结构具有与时俱进、实时更新的财务理念，保证在企业内部财务数据上的严谨性。

综上所述，加强对新企业会计准则下企业财务工作的发展与转变的探讨，具有重要的现实意义。相关工作人员需要在明确企业财务工作开展现状如忽视财务分析的重要性、财务报表数据存在滞后性、财务工作人员综合知识广度和深度不足的基础上，提出新会计准则下企业财务工作发展的建议，增强对新型财务工作的重视，充分认识传统分析方法的局限性，注重反映企业盈利结构合理化，强化财务人员信息化技术分析工具的使用。

二、财务会计管理中的内控模式

在企业现代管理中，财务会计内部管理控制是一项非常重要的内容。随着我国社会经济市场的迅速发展，企业之间的竞争越来越激烈，这就凸显了财务会计内部控制的重要性。目前财务会计内部控制方面存在一系列的问题，那么就要提高财务会计内部控制效率，找出其中的问题，从根本上解决财务会计内部控制中存在的问题。加强财务会计内部控制管理制度、完善财务会计内部控制制度等，都是提高财务会计内部控制的策略，能够有效促进企业的可持续发展。

财务会计内部控制指的是企业内部为了提高财务会计信息的质量及效率，使企业的资产具有安全性、完整性，保证企业能够履行相关的法律规定，从而制定的控制方式、措施及过程。财务会计内部控制是企业内部的维护系统及预防警报系统，也是企业可持续发展的重要内容。创建健全的企业内部控制体系，完善企业内部控制监督和控制系统，加强财务会计内部控制，能够有效地促进企业管理朝着现代化的方向发展，从而使企业可持续发展。

（一）财务会计内部控制现状及问题

自改革开放以来，我国社会经济呈直线上升趋势，在此背景下我国出现了各种企业。由于众多企业的开创和兴起，企业之间的竞争日益激烈，企业日日忙于外部竞争，提高自身的外部竞争能力，而忽视内部的管理，使财务会计内部控制失调，导致其出现了一系列的管理问题。

首先，财务会计内部管理人员没有明确的现代管理意识，企业内部没有规范的管理制度，人员控制意识较为薄弱，对管理体制没有进行全面的创新和改革。财务会计工作方面没有明确的分工，导致财务会计没有规范的工作标准，影响企业的可持续发展。

其次，部分企业内部没有严格的资金财产清查制度，或者财产清查制度不完善，这就导致企业并不了解自身有多少资金。还有部分企业的内部审计没有发挥应有的作用，其工作人员没有合理分配，弱化管理效应。财务会计内部管理工作制度混乱，导致企业中的会计信息及财产信息严重失真，出现虚假、捏造事实的现象，从而使企业在市场中的竞争能力下滑，影响企业的经济效益及可持续发展。

再次，部分企业为了使自身利益达到最大化，就要求部门经理管理企业中的开销费用，但是并没有规定和制定具体的制度，这就导致部分人员浪费资源，在购买企业所需材料时造成资产的大量浪费，使企业遭受巨大的损失。

最后，部分企业内部人员并没有根据规章制度履行义务，甚至还有部分人员利用规章制度中的漏洞占用企业的资金、开具虚假发票。还有人员做出贪污、违法等行为，这都影响着企业今后的发展。

（二）财务会计内部控制的基本策略

1. 完善财务会计内部控制机制

财务会计内部控制机制与企业的组成有着一定的联系，并且与企业运行中的变化也有着一定的关系。完善财务会计内部控制机制，是将财务会计内部系统组成相互关联、相互作用的形式，并且使这些形式相互衔接，从而实现企业内部控制的目的，使企业内部整体的运行更加顺畅。具体来说，财务会计内部控制机制包括财务会计中的所有因素，比如工作人员、资金、设备、发展计划、实施过程等等，企业要将企业内部控制看成一个整体系统进行运作，使其内部的每个因素都可发挥出自身的作用，并且使内部的各个因素都可相互合作，这样才能规范财务会计内部控制，使其能够在企业运行中发挥出自身的作用。

企业的具体做法：首先，要将财务会计内部中的人员创建主管机构，使会计内部控制可正常运行。其次，企业要创建相关的规章制度，使企业中的各部门依章办事及工作。

2. 使财务会计内部控制机制可以正常运行

企业在完善会计内部控制机制之后，要以其为基础，对会计工作进行有效的控制，并且对会计工作的制度和核算进行有效的监督，使财务会计内部控制机制能够落实到位，正常运行。要求财务会计工作人员可以进行自我监督，还要有专业的人员对其进行监督，并且对外部的审计工作进行监督。监督内容主要包括财务会计信息是否准确、合法及完整；财务会计账簿是否被伪造、销毁、造假等；企业实物及款项是否正确、符合实物，是否按照相关规定进行处理；企业资金收入支出是否全面，如果发现有问题应该及时制止并且予以纠正。

3. 提高内部审计中的事前、事中、事后监管

在企业内部经济监督管理中，内部审计是一项重要的内容，它在运行过程中可以发挥

自身的审计职能，有效地监督企业中的经济活动，提高对企业内部的管理，从而提高企业的经济效益，使企业可持续发展。在进行内部审计时，值得注意的是，如果发现企业中会计核算、资料、财产收入与支出、经济活动中存在虚假、缺失、违法、失效等行为或者问题，首先要保障企业内部的核算资料是真实且完整的，保障企业中的财产是安全的。事前监管主要是对财务会计内部控制中的制度、措施及其实施的情况进行有效的监督及查看，使会计内部控制可正常有效地进行。

总而言之，财务会计内部控制在各企业中都有着至关重要的作用，其也是一项系统化的工程。提高企业内部的管理，将现代化的管理落实到位，创建并完善财务会计内部控制，与企业外部监管相融合，并且在实践中发现全新的控制策略，使财务会计内部控制发挥出应有的作用，促进企业的健康可持续发展。

三、财务会计成本精细化管理模式

在经济增长的大格局下，财务在企业发展中起着核心作用，实施财务成本精细化管理将有助于企业财务的稳定，维持资金安全及企业稳健运营。只有建立完善的财务成本管理体系，才可以更好地为企业实施精细化管理工作保驾护航。本节将深入分析企业进行财务成本精细化管理的重要性、精细化管理实施中存在的问题，并提出相应的改善措施，以期推动企业财务成本精细化管理的有效实施。

在现代经济发展的进程中，寻求经济效益的最大化一直是众多企业的追求。在这个过程中，财务成本精细化管理的模式，也在我国企业的不断摸索尝试中逐步运用，虽在推进过程中仍有许多问题有待解决，但其带来的效益也是显而易见的。企业也逐渐意识到精细化管理的实施已是时不我待，要想更好地发展，企业要做的就是克服眼前的困难，解决推进过程中出现的问题，大力推进成本精细化管理的进程，从而增加企业经济效益和提高经营管理效率，促进企业健康发展。

（一）企业财务成本精细化管理的重要性

1. 有助于提升企业的经济效益

企业实行财务成本精细化管理，可以提升企业整体管理效率，从而促进企业经济效益的增长。企业财务成本精细化管理涉及部门广、人员多、流程细，除了有利于各部门之间更好地协同合作，还能提升企业的整体工作能力及效率，优化整体的内部生产流程。由此，既可以避免产生不必要的重复劳动和造成资源浪费，也能使得相关人员的综合能力得以提升，有助于企业培养出综合型人才，从而可以在企业管理的过程中提出各方面的意见和建议，为企业经济效益的增长助力。精细化管理模式的运用能将企业的管理职责和管理成果精细明确地反映出来，职责精细化是企业上传下达的有力保障，成果明确化是企业调整改进管理模式的参考标准，拥有上传下达的执行速度和明确的管理模式改进标准才能提升管理的效率，让企业在精细中谋效益。

2. 有助于降低企业财务管理风险

财务成本精细化管理能使成本支出更有计划性且得到更好的控制。随着经济的发展，员工最低工资标准不断上调，导致人工成本不断上升；原材料价格的提升、销售渠道拓展成本的增长等因素，也使得企业的各项成本支出不断抬升。在成本上升的大环境中，企业一旦出现成本上升的幅度长期大于利润上升的幅度，就会导致企业出现亏损，致使企业陷入发展困境，甚至使企业面临破产的风险。然而，企业进行成本精细化管理，可以使其对各种给予利润造成不利影响的成本事项进行实时掌控，及时通过实施成本精细化控制方案，来对成本不利差异进行弥补。与此同时，企业的成本支出计划也能得到相应调整，使成本支出更加细化以得到更好的控制；这让企业更加清楚成本资金流向的同时，又能降低企业财务风险的概率，规避企业破产风险。

3. 有助于提升企业的市场竞争力

企业推进实施财务成本精细化管理理念，并将其发展成一种企业文化，在一定程度上可以提升企业的市场竞争力。一方面，精细化管理某种程度上提升了企业的经济效益，使其在激烈的市场竞争中仍可以拥有效益上的优势，而在市场经济发展的大背景下，相同成本产出更高效益的企业无疑拥有更强劲的竞争力；另一方面，财务成本精细化管理，能助力企业由单一财务成本精细化管理向全面精细化管理模式迈进，促使企业整体的管理模式由粗放化向精细化转型。然而，这种在管理水平上的提升，是同行业的竞争者在短时间内无法效仿实施的。这就使得企业能在行业内保持住自己现有的优势，为其在经营效益上取得新的突破争取到更多的时间，去寻找机遇和锻造新的竞争优势。

（二）企业实施财务成本精细化管理中存在的问题

1. 缺乏成本精细化管理意识

在管理会计趋势下，企业管理层缺乏财务成本精细化管理意识，缺乏支持企业财务成本精细化管理的运行机制，从而无法推进精细化管理模式。然而，新模式的运用如果得不到领导层的足够重视，也会致使其形同虚设，那么企业在追求经济效益最大化目标的路上就少了一个重要的途径。员工缺乏精细化管理意识，则会出现缺少主动探索学习的动力和提升自身精细化管理知识能力的热情，这不利于企业培养综合型人才，导致员工工作配合度不够，指令的上传下达效率低下，致使精细化管理制度的推进进程缓慢。政府缺乏精细化管理意识，则会使得精细化管理模式在企业的推进运用中，得不到相关政策的支撑和保障，新模式的认可度低下。政府没有相关成本精细化人才的培养政策出台，会导致高校没有定向培养出一批具有综合性管理素质的财务人员的意识，成本精细化管理模式相关人员知识技能的培养，只能靠企业来推进，那么这又是成本精细化管理模式在企业推行路上的一块巨石。

2. 缺乏完善的成本精细化管理制度体系

由于成本管理制度的不完善，原材料、低值易耗品等存货在采购过程中并没有采取货比三家择最优的方式进行，在未能给企业带来采购质量和价格优势的同时，还可能由于过度采购而增加企业的仓储费用和保管费用，增加企业的成本支出。机械设备等固定资产的采购缺少相关制度的约束，将使得企业的折旧费用和维修费用增加，这会降低企业的经营效益。成本精细化管理实施制度的不完善，导致成本精细化管理模式未能引起足够的重视。对于员工，他们不能形成成本控制从自身做起的自觉性，导致其参与积极性低下，精细化管理推进缺乏落实度；对于管理层，实施制度的不完善引起的重视度不够，在进行重大决策时不会将成本管理纳入战略层面，无法让成本管理理念真正深入企业。显然，成本精细化管理实施制度的完善度不够，会阻碍成本精细化管理的进程，影响其成效。而成本核算制度的不完善，会导致企业经营周期内产生的实际成本无法与事前预算的成本值做比较、找差异，不能明确问题产生的原因所在，也就无法将责任落实到个人以及无法进行成本控制管理方案的改进调整。那么企业的管理模式就得不到优化，一直原地踏步就会被市场所淘汰。成本绩效评价制度的不完善，造成在实施成本精细化管理新模式时，企业不能很好地对实行这项制度的员工进行绩效考核和评价，制度落实好的员工得不到相应的奖励、没有认真落实的员工得不到相应的追责，在极大程度上抑制了员工的工作热情和积极性。考评体系样式丰富度不足，会让企业面临在不同成本中出现运营状况时显得束手无策，让考评缺乏依据无从进行，导致精细化管理难以推进。

3. 缺乏健全的信息化管理系统

目前，很多企业财务管理已经开始实现自动化，着手运用一些财务信息化系统（ERP等）来完成企业的成本核算工作，但大多数信息化系统的运用仅仅局限在核算领域，在预算与分析控制方面涉及过少，那么只实现了自动化而未实现智能化。即使是在只实现自动化而正在努力开创智能化的大格局中，有些企业却还存在购买使用市场上统一化的信息系统，而不是根据自身需求定制适合企业的专属系统，这使得信息化管理系统缺乏专一性和针对性，不利于改善企业的成本管理模式。企业要实施成本精细化管理，信息化系统的助力必不可少，倘若使用对企业精细化管理需求标准不健全的信息化管理系统来进行核算，就会出现企业管理需求的精细数据系统无法提供的现象。虽然与大众信息化管理系统相比，定制系统的耗用相对较高，但如果连精细化管理最基本的需求都得不到满足，这无疑是企业在推行精细化管理道路上的一块拦路巨石。

（三）优化企业改善财务成本精细化管理的举措

1. 增强财务成本精细化管理意识

在企业推行财务成本精细化管理模式时，需要各方主体先拥有精细化管理意识。企业管理层人员是企业实施精细化管理模式的领军人，他们拥有清晰的精细化管理意识，是企业实施精细化管理的保障。领军人不能只有通过增收才可以提升企业的效益、达到企业目标利润，从而只致力于销售收入的提升的固化思维，却忽视了成本可降低的发展空间。当前，企业的市场竞争越发激烈，对消费者来说，物美价廉者是首选对象，而企业在无法通过提升价格来达到增收目的时，通过实施成本精细化管理可使企业避免不必要的开支，这能帮助企业实现利润最大化目标，且更好地在市场上占有一席之地。企业员工是企业实施精细化管理模式的主力军，因此，需增强自身的成本管理意识，不要盲目地认为成本控制只是财务部门的工作。然而，要实现财务成本精细化管理，就要求企业各个部门、各个岗位的工作人员都切实参与、切身落实，员工要有成本管理人人有责、成本管理从我做起的意识。此外，政府是企业实施精细化管理模式的后备军，只有后背有足够的支持力，企业才能安心冲锋陷阵。这就要求政府提升对企业管理模式转变的关注度，与此同时，可以出台和引进一些管理型财务人员的培养政策和方法，以及支持管理型财会人员资格的认证，并提升对持证人员能力的认可度，此外，鼓励高校进行综合性人才的对口培养，从政策上加大对企业精细化管理的支持。

2. 完善企业财务成本精细化管理制度体系

一是优化完善企业成本管理制度体系，实现各业务环节的流程再造。在成本管理制度上，企业进行材料采购时不能一味地追求材料价格的有利差，因为过度的有利价差可能会给企业带来更大的材料用量和人工效率的降低。在采购时要横向对比，在保证质量的前提下尽可能降低采购成本，但也要谨防因批量采购而导致仓储成本大幅增加。在生产管理环节企业要尽可能地优化其内部流程、减少不必要的人员分工、整合雷同的工作环节、降低不必要的耗费。对于期间费用可以采用作业成本法（ABC）来进行分配，确保成本能根据各项成本动因更准确地归集到各类产品中，精细化成本的分配流程，让企业成本得到更准确细致的管理。在成本精细化管理实施制度上，企业对于精细化管理制度的实施要有上传下达之效。各项成本控制项目要精细到个人身上，确保实施过程有章可循，减少员工因成本精细化管理实施意识不强、责任不清而出现惰性的情况。在各部门也可设置专门的成本控制人员，在监督成本精细化管理更好落实的同时，不断探索寻找成本精细化管理更广阔的途径。而管理层在精细化管理实施制度中，要做到在一个项目投资前对其进行充分的现金流分析，综合判断项目投资的可行性，减少机会成本产生的概率和可能性，让成本精细化管理实施制度管控到企业的各个层面。

二是制定精细化财务核算指标，推进成本绩效考核的顺利实施。在成本核算制度上，企业要明确相应的财务指标，促使各部门协同合作，保证财务数据的真实性、准确性、及时性。在核算前可以借助管理会计思想编制弹性预算，预算编制过程中要谨防预算松弛，使预算数据对于周期内实际的成本数据具有可用可比性，从而在后期的成本核算时，有利于发现各个部分的有利差和不利差，督促企业继续保持有利部分而改善不利部分，而后为企业做预算管理和进一步调整精细化管理方案提供数据支持，让企业的精细化管理模式得到不断优化。在成本绩效考核制度上，企业可实施对不同部门的成本划分——可控成本和不可控成本，要根据不同时期和不同部分具体划分，对于短期来说是不可控的成本，但对长期来说却成了可控成本；对于一个部门而言是不可控的成本，但对于另一个部门来说可能是可控成本。各部门明确后可利于对其更好地进行成本绩效考核，而对于企业整体而言，可控成本也可得到更好的掌控。再则企业可借助管理会计中的责任中心制度，对不同的部门甚至个人采用不同的考核指标，拓宽考核样式的丰富度，也可以让员工更加明确自己控制成本的方向，有目的地开展工作。在企业对各项成本控制事宜落实到具体的个人后，要将各项成本控制结果列入年末个人绩效考评内容，对完成结果良好的员工可采取升职加薪等奖励方式激励，对完成结果不理想的员工究其缘由，若是自身可控因素导致的，则需进行相应的惩戒，以确保成本精细化管理制度在企业的推进过程中有各种制度的保障。

3. 升级改进现有信息化管理系统

企业实施精细化管理也需要借助信息化的技术手段来为其更好地在企业运用保驾护航。这就要求企业在完善自身技术的同时要采用有针对性的、适合本企业的信息化系统，而成本精细化管理模式讲究的就是要将成本进行精确细致的管理，只有专一性强且适合本企业的信息化系统，才能为企业提供所需要的精确细致的信息，在技术上满足企业成本精细化管理的需求。对于信息化系统，企业还可以在系统中建立中央数据收集平台，使各部门及时将自己的数据录入，形成数据流水，其优势在于：一方面，表现为相比人工收集数据的时间可大幅降低，让员工可以有更多时间致力于自身的工作和发展；另一方面，可以确保数据的完整性，降低数据丢失风险，更好地支撑企业精细化管理数据需求。如今信息化系统已经得到大范围运用，但多数表现在自动化录入和核算层面，而成本精细化管理模式的需求却不限于此，这促使企业要争取在实现自动化的同时努力创造“智能化”，企业可通过运用人工的前期预算、中期掌控、后期分析及反馈调整，让员工与信息化系统进行有力结合，使信息系统不只是停留在核算阶段，而向预算、分析等多方面拓展，促使信息化管理系统更好地为企业成本精细化管理助力。在当下经济发展的大趋势中，有的企业被迫转型发展，有的企业主动寻求转型发展；在众多发展途径中，推进财务成本精细化管理模式已然成为企业谋求更好发展的必由之路，这对各企业来说既是机遇又是挑战，而企业也只有主动把握机遇才能勇于战胜挑战，走在前沿才能避免落后挨打的局面。

四、中小企业财务管理云会计模式

中小企业的财务管理是中小企业运营管理体系的重要一环，不断地提升财务管理的效能，促进企业财务资源的高度整合是当前中小企业财务管理的一个主要落脚点。云会计模式的出现，在一定层面为中小企业财务管理提供了新的思路。

财务管理是一个系统的工程，不仅需要科学的财务理念的指导，也需要借助完善的财务软件及硬件的配合。随着计算机信息技术的不断发展，中小企业财务管理的思路进一步被拓宽，云会计模式更是将计算机与会计信息管理进行高度整合。本节尝试探讨基于云会计模式的中小企业财务管理所受到的影响以及今后的具体应对策略，对于促进中小企业财务管理体系的优化及财务管理水平的提高有一定的积极意义。

（一）云会计模式的内涵

目前，在整个学术领域，围绕云会计模式这一新生事物的概念还没有达成较为广泛的共识。一般来说，云会计模式是大数据、云计算等相关模式与会计模式整合的产物。从整体特点来看，云会计模式具有一定的虚拟性。云会计依托互联网进行系统的应用与升级，在云会计具体的功能实施中，公司无须安装任何软件，也无须进行相关基础设施投资。公司相关的会计程序可以通过互联网浏览器进行访问。公司的财务信息上传到云端，公司只需通过浏览器浏览就可以进行财务数据的访问。

云会计通过网络资源将企业现有的会计管理相关资源进行整合，在有效降低企业会计管理所需要的资源成本的同时，进一步提高了资源管理的便捷性、安全性及高效性。从我国的发展来看，一些企业已经开始通过云会计账户来进行云会计管理，在有效地提升自身管理水平的同时，也进一步契合了整个市场高效率发展的要求。但是，我国的云会计模式应用，刚刚处于初级阶段，无论是在法律界定方面，还是在具体的应用层次都还处于探索期。如何进一步应对云会计模式对我国中小企业财务管理的相关影响，提高中小企业财务管理的综合性能水平已经成为当前会计财务等诸多领域研究的主要方向。

（二）云会计模式对中小企业财务管理的影响

从宏观层面来看，云会计模式对中小企业财务管理的影响主要体现在以下几个方面。

1. 对财务管理理念的影响

在之前的中小企业财务管理过程当中，单打独斗是中小企业财务管理的一个主要特点。这就意味着企业在岗位配置以及相关的财务管理中都是以企业自己为中心。这虽然在一定层面上符合企业财务安全的需要，但是，在一定程度上也不利于企业财务的优化。随着经济领域之间合作密度和广度的不断加大，如何改变这一单打独斗的局面，进一步地促进资源的整合，尤其是信息资源的整合是今后基于云会计模式下中小企业财务管理需要应对和提升的主要方向。

2. 对财务人员素养的影响

在进行财务工作过程当中，财务人员自身素养水平高低，对于企业运营和发展起着极为重要的作用。目前来看，一些中小企业财务人员自身的基于云会计模式下的相关软件操作水平还存在一些不足，很难胜任新时期会计管理的挑战。当面对企业发展以及企业发展的诸多阶段时，还需要不断地立足于新时期云会计模式的影响，提升自身的媒体素养、信息素养及信息检索和筛选能力。

3. 对企业会计运行环境的影响

在进行云会计模式应用下，企业不仅需要在必要的思维方面进行转变，还需要在当前的会计运行环境，尤其是会计的软件环境方面进行优化。云会计模式需要企业进行必要的资金投入来完善企业现有的会计管理软件以及预警体系。这就意味着，企业需要加强硬件建设。虽然在云会计模式下，企业无须进行相关财务软件的添加，相关的财务管理和数据通过上传终端来实现财务数据的管理，但是，云平台建设在我国尚处于初级阶段，基于云会计所需要的相关云计算硬件及云计算软件并不是很成熟。这就会影响中小企业尝试的信心，当然，也对云会计今后的科学应用，改善中小企业财务管理效能提出了新的挑战。目前来看，中小企业现有的会计信息化管理等相关的硬件储备并不是很充足，这就在一定层面影响了中小企业更好地迎接云会计模式所带来的挑战，也需要在今后的发展中进行系统的改进。

总之，目前来看，云会计模式对中小企业财务管理理念、中小企业财务管理人员综合素养以及企业自身的财务运行环境提出了一些挑战。这些挑战也为今后的中小企业更好地运用会计模式优化自身的财务管理提出了更高的要求。

（三）云会计模式在中小企业财务管理中的发展

为了更好地提高云会计模式在中小企业财务管理中的应用水平，本节在借鉴相关研究成果基础上，尝试从以下几个方面来提出今后的发展建议。

1. 革新财务管理理念

妇幼保健机构往往对专业医疗队伍的培养充分重视，但在档案管理人员培养与管理方面重视度不足。很多档案管理人员专业素养较为落后，没有相关培训进修机制，在当前档案管理工作中无法满足现实需求。另外，当前很多档案管理人员理论技术、管理经验较为缺乏，非常容易影响档案收集管理工作的完整性。

2. 切实提升财务人员信息素养

在今后的中小企业科学运用云会计模式过程当中，财务人员应该与时俱进。一方面，对自身的专业技能，特别是云会计模式下相关技能等方面进行强化。企业可以通过岗位培训等方式来夯实基础。另一方面，应该在必要的岗位设置方面，加大对云会计相关监管体系的完善，避免在财务人员自身工作过程当中出现监守自盗以及信息造假等舞弊现象。只有这样，才能更好地保障云会计模式的科学效果的发挥。

3. 积极健全制度体系

为了更好地满足云会计模式的科学发展需要，在今后我国云会计模式的落地应用过程当中，企业及相关的组织部门应该围绕云会计模式发展特点以及中小企业财务管理的需要不断地在制度体系方面进行完善，尤其是完善司法保障体系。通过法律的保障来更好地促进云会计模式的科学应用，对于违反相关规定的责任人第一时间进行处理，将可能产生的损失降到最低。只有这样，才能最大限度地优化云会计运行环境。云会计模式对于整个中小企业财务管理以及我国财务管理体系的优化有着极为重要的影响。在今后的发展中，相关部门应该不断地基于云会计的发展趋势，制定具体的云会计管理系统性能评估制度。

总之，在今后的云会计模式运行和发展过程当中，企业和个人应该不断地进行云会计模式发展理念的革新及相关环境的优化。只有这样，云会计模式才能够在中小企业得到最大化的应用。

五、企业会计电子档案管理财务共享模式

在财务共享模式下企业会计电子档案管理发生了变化，与传统会计档案管理相比具有便捷性、实时性和高效性等新特点，但也面临着新问题，包括档案存储存在较大风险、信息系统接口无法对接、档案管理制度不完善、档案管理人员素质不高等。可采取加强档案管理软硬件设施设备建设、实现档案信息系统接口对接、制定完善的会计电子档案管理制度、提高会计电子档案管理人员业务素质等举措。

财务共享模式是一种区别于传统财务管理的全新模式，其实质是企业在信息技术背景下，将各分公司或子公司的大量财务工作交由财务共享中心来处理，因而这一模式能够提供流程化、标准化的财务管理服务。在财务共享模式下企业会计电子档案管理发生了变化，与传统会计档案管理相比出现了新特点、新问题，笔者就此进行分析，并提出在财务共享模式下加强企业会计电子档案管理的若干对策。

（一）财务共享模式下企业会计电子档案管理的特点

财务共享模式下企业会计电子档案管理，将会计信息系统、银企直联系统、影像管理系统、资金管理系统等实现串联、集成，并对会计电子档案进行收集、分析、处理、汇

总、利用。基于财务共享模式的企业会计电子档案管理呈现出便捷性、实时性和高效性的特点。

一是便捷性。企业通过影像管理系统对收集来的原始会计凭证进行扫描后上传至财务共享云平台，在云平台上企业利用会计信息系统（如用友、金蝶、SAP 等）对原始凭证进行处理生成电子会计凭证，再对电子会计凭证进行处理生成各类账表，如现金日报表、总账、明细账、多栏式明细账等，最后生成资产负债表、利润表、现金流量表等各类报表。此外，在财务共享模式下，企业与银行的连接方式发生了变化，企业可直接通过银企直联系统地获得完整的银行电子回单，并根据银行电子回单生成会计电子凭证，实现电子对账。

二是实时性。传统的会计档案管理模式不能实现数据的实时更新，而在财务共享模式下原始会计凭证通过扫描上传到云平台，可即时生成会计电子凭证并在系统中生成各类报表，为决策提供服务。以费用报销流程为例，首先，员工在出差时通过信用卡消费产生的费用数据，能够实时传递到企业云平台上。其次，员工在报销费用时根据报销内容选择特定模块，并根据报销金额以及报销事项进行填写；财务部门只需将云平台上的数据与员工填写的报销事项进行核对，如信息一致即可将这部分数据传递到银行系统中，由银行完成费用支付。最后，企业云平台的会计信息系统根据发生的业务自动生成相应的会计电子凭证，进而生成会计电子档案。

三是高效性。基于财务共享模式的企业会计电子档案管理，能实现企业会计电子档案收集、处理、分析、利用的一体化，使档案管理具有高效性。而传统的会计档案管理要耗费大量的时间与精力，如需要打印大量的电子凭证。

此外，基于财务共享模式下的会计电子档案管理，能够实现档案信息一体化管理。具体来说，会计电子档案可以在企业不同部门（如采购部门、销售部门、仓储部门、财务部门等）之间进行传递，如采购部门进行采购时，采购员在采购系统生成采购订单、采购到货单、采购发票等，其中采购发票传递至财务部门的总账系统，采购到货单传递至仓储部门生成采购入库单。不同单据在不同部门之间传递，实现信息的实时共享。

（二）财务共享模式下会计电子档案管理存在的问题

其一，会计电子档案存储存在较大风险。计算机系统存在网络安全隐患。传统会计电子档案只需实现企业内部联网，而基于财务共享的会计电子档案则必须实现外网连接，在外部网络中会计电子档案信息存在较高的被窃取、被人为篡改或删除的风险，且不法行为一旦发生还不容易被发现。

其二，信息系统接口无法对接。基于财务共享的会计电子档案信息在不同系统（会计信息系统、银企直联系统、资金管理系统）之间进行传递，若不同系统之间不能实现无缝对接，则系统之间的数据信息无法传递，财务共享很难真正实现。因此在架构会计信息系统时，应充分考虑数据信息在不同部门之间的传递，实现数据信息的无缝传递。

其三，会计电子档案管理制度不完善。很多企业高层管理人员思想观念较为保守，没有充分认识到会计电子档案对企业的重要性，故没有制定工作制度，更没有提供工作所需要的人、财、物支持。

其四，会计档案管理人员素质不高。基于财务共享模式的会计电子档案管理，对企业的会计档案管理人员提出了更高要求。首先，会计电子档案管理人员需要具备会计电子档案管理的意识，但目前他们的工作思维仍停留在传统的会计凭证、会计账簿、会计报表等的管理上，缺乏对财务业务发生过程中形成的会计档案资料进行管理的意识，造成的后果是会计电子档案不能及时归档。其次，会计电子档案管理涉及会计软件应用、管理系统维护、网络安全等方面的专业知识，需要会计电子档案管理人员掌握这些知识，但他们普遍存在专业知识缺乏、知识结构不合理等问题。

（三）加强财务共享模式下会计电子档案管理的若干对策

1. 加强档案管理软硬件设施设备建设

配备保存会计电子档案的专用机房，做到防火、防水、防震。加大计算机硬件及存储设备的投入，配备先进的计算机硬件设备，满足会计电子档案管理对硬件设备的要求。加大管理软件的投入，及时与相关的研发企业（如会计信息系统、银企直联系统、资金管理系统等）保持联系，及时升级系统。加强网络安全管理，及时开展计算机系统病毒防范工作，如安装杀毒软件、防火墙等，保证会计电子档案的存储安全。

2. 实现档案信息系统接口对接

一直以来，如何将企业自身系统与财务共享中心云平台实现无缝对接、建立统一的信息系统接口，是一个难题。浪潮集团提出了企业信息系统与财务共享中心云平台对接的解决方案，实现企业系统与财务共享中心云平台的对接；而中国联通依托企业资源计划系统（ERP 系统），规范会计电子档案的文件格式、接入频率等，并制定会计电子档案的接入标准，实现 ERP 系统、资金系统、报账系统与云数字档案馆系统之间的无缝对接，使会计电子档案顺利归档。

3. 制定完善的会计电子档案管理制度

企业可根据新《会计档案管理办法》要求，积极建立会计电子档案管理制度，明确会计电子档案保管、借用和归档、备份等工作要求。例如，建立会计电子档案查阅制度，规定查阅会计电子档案需得到财务部负责人的同意，并按照会计电子档案查阅流程严格执行，相关人员无特殊理由不得修改、删除会计电子档案；若确实需要修改会计电子档案，修改后需重新进行审核和归档。例如，中国联通制定了《中国联通数字档案馆档案分类规则、归档范围及保管期限规范》《中国联通会计电子档案归档范围》等规则，确保企业会计电子档案管理有序进行；建立了严格的档案安全权限控制系统，严格控制会计电子档案的查阅权限，敏感的会计电子档案只能通过办理相关手续后查阅；还专门建立了数字档案馆系统，将会计电子档案保存为SWF文件格式，确保文件只能浏览不能修改。

4. 提高会计电子档案管理人员的业务素质

在财务共享背景下，财务部门的一部分人员必将实现转型。据调查，一部分企业采取就地安置财务人员的办法，一部分企业选择部分优秀的财务人员进入财务共享中心，部分员工转岗至企业其他部门，如销售部门等。对于留在财务部门或者进入财务共享中心的人员，他们的一项重要工作任务就是要管理好企业电子会计档案。因此，首先要正确地认识到会计电子档案管理的重要意义，树立正确的工作理念，并认真学习《会计档案管理办法》等相关规定，不断提升档案管理业务能力。其次要懂会计工作、会计软件应用、管理系统维护、网络安全等方面的专业知识，只有这样，才能胜任财务共享模式下的会计电子档案管理工作。

第二节　财务会计模式转型与外包模式应用

一、数据时代财务会计模式转型

大数据给新时代经济的发展带来诸多影响，人们可以借助数据分析事物发展的动态，制定科学的发展策略。同时，基于大数据体现的发展优势，财务会计需要改变之前的工作方式，要顺应行业发展需求，改革工作体系。通过分析大数据时代发展下财务会计变革的背景，思考财务会计转型发展的路径，从而展望其发展趋势及影响。数据时代财务会计模式的研究能让企业科学地了解大数据下财务会计呈现的发展优势，促使企业积极转变财会工作的模式，努力提升财务工作的创新性，帮助企业实现健康长远的发展。

财务会计的发展与经济以及社会进步有着密切联系。当前，人类已经步入信息化的时代，财务会计随着市场环境的变化不断发展及完善，可以说，财务会计是依照经济环境而发生变化的，并进行相应的改革以及转型，这样能促使财务会计与社会及国内经济实现协调性的发展。特别是随着现代信息化技术的不断深入发展，企业的经济数据在不断增长，数据量呈爆炸性增加，数据结构也变得越来越复杂。在这样一个信息数据爆炸的时代，大型国有企业和民营中小企业都在加快发展的步伐，希望能找到一条提高核心竞争力、实现企业财富和资源稳步增长的途径。

（一）大数据时代的财务会计变革背景

现代社会中数字化信息瞬息万变，变得更多、更快，从政府到民间，从商业到科学，这些变化和影响无处不在，为此，一些科学家和计算机工程师为这个现象创造了一个新名词："大数据"。这个时代也被称为"大数据时代"。

大数据，也称海量数据，是指所涉及的数据量已经太大，它不能在合理的时间内被人脑或主流软件检索、管理和处理，整理成积极帮助企业经营决策的资料。大数据时代随着科学技术和互联网的发展已经逐步到来，现在，每个企业每天都会生产出大量的数据，数据的量级已经从B、KB、MB、GB、TB发展到了PB、EB、ZB、YB，甚至能达到BB、NB和DB。

大数据逐渐走入人们的生活中，企业应该依照发展趋势完善原有的财会体系，让企业发展能符合时代需求。会计工作是时代演变的产物，必须对二作体系进行革新，提升其时代发展的先进性，为此，立足大数据的发展，企业必须对财务工作进行创新发展。对于企业来说，大数据时代的管理和传统的管理最大的区别就在于如何分析和利用这些海量数据，大数据时代的管理是基于对海量数据的科学分析，而不是凭直觉和经验进行业务决策；财务会计的本质是在数据收集、数据分析的基础上进行的数据量化的管理。然而大数据技术中的数据仓库以及数据挖掘技术，可以使企业的管理更加精细化，使财务管理中的各种工具，包括预算的管理、成本的管理、业绩的评价、会计报告等，在进行商业决策的过程中发挥出越来越重要的作用，因此财务会计也要相应地做出一些变革来适应大数据时代的要求。

1. 财务会计人员需要收集和存储更多数量和结构的信息和数据

如果不能对大数据呈现的价值进行评估，就不能对有用信息进行精准的估算。运用大数据创新技术能更科学地反映出企业整体的运行状态，给数据提供更加便利的条件。企业对大数据进行搜集和整理，可以提升企业整体的市场份额，为企业获得较好的竞争优势。会计部门是与数据信息紧密联系的部门，如果可以运用大数据所提供的发展数据，则能给企业提供发展信息。因此，这就要求企业的财务人员能够熟悉信息技术，并能够快速地在海量数据和复杂数据中寻找有价值的数据，从而充分反映企业业务的发展，消除信息的不对称问题。

随着市场经济的完善，企业获得发展利润的核心因素是成本控制，这也是微利时代的发展要求。在大数据时代下，从事成本控制的财务人员要具备扎实的专业素养，也要对企业整体发展过程进行高度关注，在企业的生产过程和内部控制过程中，控制产品的报废率、生产效率及成本差异等指标。立足成本控制的体系，企业能对成本数据进行深层分析与挖掘，对各项成本数据进行科学的收集，并分配和分析这些数据，为企业的决策提供帮助，为企业成本的有效控制奠定基础。

2. 财务会计需适应大数据提出的处理需求

大数据改变信息传递的方式，增加网络信息的数量，传统的财会数据处理存在诸多不足，整体处理能力较差，不能对数据进行有针对性的筛选及处理，因此，财务人员只能对财务数据进行传统方式的分析，依据数据变动掌握企业呈现的变化趋势，分析企业整体的运营能力，但是不能对企业整体运营能力进行深层面的分析，整体处理能力较差。为此，财务会计应该对数据信息进行全面管理，分析出有价值的财会数据，并对它们进行处理以及分类管理。同时，企业应该针对信息的种类制订不同的发展方案，以此对未来发展做出更科学的规划，从而助力企业实现健康的发展。此外，企业需要借助大数据开展统筹工作，为企业在经济层面的发展提供帮助。从整体层面上讲，大数据时代要求财务会计具备信息数据统筹以及综合管理能力，这也是当前财务会计缺少的专业能力，只有具备这些专业能力才可以为企业提供更多的优质服务，增加企业整体竞争能力。

3. 财务信息的使用者提出了个性化需求

财务会计工作是为经营者提供信息、帮助决策的一项系统性工作。随着市场经济的不断发展，市场整体竞争程度较高，要想获得利益，企业就应该保障决策的科学性，也需要保障其正确性，而人们更关注适用性，这就导致企业财务会计目标发生变化，逐渐从管理责任转变为决策责任。随着大数据的出现，更多企业关注到云计算的应用，数据以及企业信息数量不断增加，用户呈现的财会信息需求更加多样化，更加个性化，体现出很强的不可预测性。为此，大数据发展要求企业更加关注财务会计信息的个性化，对原有的会计工作提出更多的挑战。在大数据时代的发展过程中，财务会计工作应重视这一发展趋势，采取积极的措施来应对这一不确定性。

4. 非结构化数据的价值日益凸显

目前，企业和事业单位的会计处理主要涉及各种结构化数据的处理。随着现代计算机技术的发展、信息技术的创新和网络技术的更迭，会计人员对结构化数据的处理越来越方便。在这方面，技术已基本成熟，并已能非常熟练地处理结构化数据的计算、汇总、统计等。如果遇到大量的企业财会数据，可以应用商业软件实施处理，以此完成相关的财务会计工作。但是，随着数据时代的深度发展，很多半结构及非结构的数据软件应用到岗位工作中去，这样的转变不仅反映在数据的量的变化上，而且充分地体现在所产生的价值上，所以，会计人员需要从众多的企业数据中寻找那些有价值的财会数据，并且对这些数据进行充分的分析，并从这些数据中找出非结构化的数据。所挖掘的数据价值越多，就越能提升经营者的整体竞争实力。为此，管理者应该重视财务信息的精准性，逐步提升财务数据在财务工作中的作用，财会人员应该重视对各项数据的分析以及运用，提升这些财务信息的利用能力，逐步强化财务数据的价值。

5. 财务会计数据的精准性要求越来越高

传统财务报告的工作，主要是在对数据进行基本确认、进行计量等工作基础上实施的。企业的财务数据和相关业务数据是企业管理的重要资源，由于技术手段不足和不完善，它的价值没有得到充分发挥，未能引发充足的关注。部分企业在进行决策时受到技术等条件的限制，并没有充分且及时收集、整理及分析符合决策工作需求的财务数据，这就导致对数据进行分拣的难度加大，整体处理效率低下，影响企业最终财会数据的精准性及可用性。许多财务管理数据在被企业生成财务报告前一直处于未被重用的状态。大数据提升技术研究的科学性，企业可以对各种数据进行科学的处理，并对数据进行整合，更好地挖掘有价值的财会信息及有效地发展数据，促使企业获得更好的发展，这样能提升财务数据的精准性，促使财会工作实现科学的发展。

6. 财务会计人员需转换角色

大数据改变传统财务工作的角色，使之摆脱之前的角色。会计人员不仅要开展简单的核算及整合等基础工作，也要实施更高层面的财会工作。传统的财会人员能立足报表数据进行分析，为管理者提供相关的决策依据。随着市场竞争的加剧，之前简单的报表数据分析已不能满足企业实现信息化发展的需求。在大数据时代，财务人员能从不同层面探索企业需要的财务数据，解决之前财务报表不能深度分析财务数据的问题，通过对这些财务数据的实时分析，可以更好地发现企业在市场发展以及成本管理中的难题，并对企业的经营业绩做出客观的评价，从而揭示出企业在经营思路上存在的问题，进而更好地为经营者转变思路提供明确的方向。

（二）大数据时代财务会计转型的思路

随着大数据时代的到来，人们获取数据信息的方式越来越简单和快捷，企业要提升对财务数据进行选择及处理与整合的能力。面对新形势，财务会计工作必须及时创新才能确保企业健康、稳定、可持续发展。财务工作必须与时代、社会及生活等背景相结合，才能顺应时代发展的潮流。

1. 财务会计人员要提升整体专业能力

国内财会人员在构成上体现出复杂的特点，年龄大的财会人员虽具备一定专业能力，但是存在落后性，财务思想也比较陈旧；年轻的财会人员从业经验较少，也欠缺一定的工作能力。从整体层面上看，财会人员整体专业能力未能达到时代发展提出的需求，这就阻碍了财务工作的创新转型，更阻碍了企业的全面发展。结合上述研究可知，企业在新时代应该重视对专业人才的培养，只有实现专业人才的转型，才能加快财务工作的转型进程，为企业发展提供更高质量的人才保障。所有企业需开展多个方面的转型工作，提升财会人员的综合素养。具体做法如下：第一，对财务人员进行能力培训。需要重视对财会人员的能力培养，提升其工作能力。针对当前的财会队伍，企业需要将大数据融入平时的培训中，拓宽其业务视野，以此实现现代化财会人员的培养。同时，企业可以派遣财会人员外出学习，学习先进企业所采用的大数据处理方式，提升财会工作的科学性。第二，建立大数据管理专业机构。这就需要政府的大力支持。在西方，许多国家已经建立了大数据管理专业机构，并设立了与大数据管理相结合的财务会计专业，以培养更多的具备专业管理、挖掘大数据资源的会计师。

2. 要重视财务会计工作人员人本化的理念

企业需将人本思想作为工作核心。知识时代，企业要想提升整体竞争能力就需要科学开展人力资源管理，为企业创造更多的发展价值。传统的人资管理模式表面上看是比较稳定的，但是实际管理中存在多种隐患，如员工之前出现责任推诿、争吵不休等。大数据时代的到来，信息传播体现出碎片化的现象，只有提升财务人员的主动性，才可以为企业提供更多的发展数据以及生产力。因此，人本思想能改变财会工作的现状。长久以来，企业财务人员已经出现脱离实际岗位需求的现象，仅在办公室进行业务处理。大数据能让财会人员实现业务以及具体财务工作的结合，工作人员需要深入企业的部门以及具体工作环节，促使业务信息转化为有价值的信息，给企业提供更多财务数据分析。在传统业务工作中，财务核算的程序比较复杂，财务人员主要是对财务报表进行反复的核算，个人工作能力则不是很强，不能从全局层面对财务报表进行统筹管理，也就不能科学地分析整体财务状态。同时，通过人工进行财务核算不能提升整体工作的效率，导致传统财务工作的效率比较低。

财务会计在更新发展中，传统财务方式以及核算内容均发生了变化——从传统财务转型为信息化。大数据为财务管理的转型发展注入了更多动力，解决了之前烦琐的会计核算工作问题。同时，大数据促使财会人员将工作精力主要放在财务信息收集以及深度挖掘上，以此更精准地分析整体财务状况，也能探索整体运营能力。通过对财务数据进行深层面的思考，也可以识别企业潜在的财务风险，科学判断企业经济发展能力，促使企业实现综合能力的强化。此外，通过改变传统的财务工作内容，也能提升财会呈现的作用，让财务部门与其他部门进行深度的沟通，实现财务信息的共享，让部门实现协调性的配合。

3. 要提高财务人员整体财务管理、财务分析及运用的能力

大数据技术的发展将极大地提高财务管理的能力，现代信息技术的发展带动了物联网、互联网、企业内部信息网络的快速发展和大数据时代的发展。在没有信息技术支持的情况下，大数据的收集、处理、输出和分析将被阻断。因此，现代信息技术已成为现代企业赢得竞争的重要手段，成为战胜对手的重要武器。在信息时代，所有的会计工作，如信

息的传递、资料的下载、管理软件等都必须依赖于计算机，由于大数据技术具有较高的数据处理速率，具备较强的数据处理能力，因此，会计人员可以依靠大数据技术来处理更多的会计信息，且同时能够进行多项财务工作。在这样的情况之下，企业内部的财务岗位将会发生一定的变化，相似职能的会计岗位将会合并成同一个岗位，且在大数据技术的支持下，该岗位财务工作的准确性和效率将大大提高。所以说，立足于大数据对财务工作呈现的影响，财务人员需要积极提升整体财务管理的能力，提升财务分析及运用的能力。大数据对财务工作的模式提出更高层面的需求，要实施创新性的财务管理，增加对财务信息的分析及运用能力。财务人员只有提升财务管理的综合能力，深度分析财务数据中蕴含的内容，科学分析财务工作可能遇到的风险，以此制定科学的发展策略，才能提升企业财务数据处理的能力。

4. 要改变财务人员传统的管理思维

在以往的财务管理工作中，相对落后的管理理念直接影响着企业财务管理的实际效果，所使用的财务管理机制、财务管理理念、财务管理方法等都无法对企业的经济运行情况进行全面管理，并对财务会计的转型变革产生了一定的阻碍作用。部分财务人员盲目相信财务报表，企业收支与具体支出可以真实反映运行情况，但是仅通过简单的财务报表及流水账，不能真实反映企业资金的流动情况，不能对未来投资进行准确的评估，也不能进行科学的规划，影响财务工作呈现的先进性。这主要是管理理念存在的滞后性导致的，企业不能科学地开展财会工作，制约了财务工作的先进性。大数据能改变传统管理思维，促使财务人员可以对财务数据及信息进行科学处理，提升财务会计的转型速度。通过强化财务分析的整体能力，能对各项数据进行科学处理，对企业资金实施统筹性的管理，更好地控制企业发展。此外，企业也需要宣传大数据转型发展的观念，积极转变传统的财务思想，以此加快财务会计转型过渡的步伐。

（三）大数据时代财务会计发展趋势及影响

大数据对财务会计工作提出转型发展的要求，企业应该科学制定发展策略，加快财会工作的转型发展，增加企业整体的发展与竞争能力。

通过对大数据的发展进行分析，探究企业实施财会转型的内容，笔者认为受到大数据发展的影响，财务会计必须改变传统的工作模式以及思路，重视对专业技能以及职业道德等知识的学习，以便开展更高层面的财会工作。信息化处理是未来企业实施高水准财会工作的标志，也是提升企业对财会信息利用能力的途径。大数据的出现将加快财会工作的转型，也为企业的现代化发展提供动力，各行业应该认识到该发展趋势。只有科学认知该发展趋势，管理层以及财务人员才能实施更科学的分析以及管理工作，提升财务管理的科学性。

传统财务工作思路已经不能满足大数据时代提出的发展需求，也不能给企业财会工作的创新发展提供助力。为此，企业管理者应该掌握大数据对企业以及财务工作提出的各项要求，重视对现代化财会人员的培养，企业应该更新管理理念，重视财务岗位的精准性，关注财会人员在岗位工作中体现的效率。同时，财务人员需要掌握时代发展对专业人才提出的转型要求，积极提升自身的专业能力，能对企业财务数据进行精细化的处理，科学地分析企业可能会出现的财务风险，增加企业整体的竞争实力。此外，企业应该重视对财务人员进行专业技能等能力的培养，增加财务人员对大数据发展及财务转型的认知，逐步提升企业财务工作的有效性。

财务工作应该顺应时代发展的潮流，立足时代进步更新工作模式。所以，企业在实施财会工作时，应该积极思考怎样提升财务工作的创新性，更好地开展财务数据分析工作，掌握企业整体的发展态势。在进行岗位人员招聘的时候，企业需关注财务人员的专业技能及职业素养，强化财会队伍组建的先进性。具体来说，招聘财务人员的过程中，应该关注应聘人员的学历、工作经验、对财务工作转型的理解、道德素养以及操作能力等内容，从优录取高素质的财务人员。

受到大数据的发展影响，财务人员需要积极改变观念，思考岗位对自身提出的要求，重视提升自己的专业技能，努力提升自己对财务软件的使用能力，更好地满足财务岗位对专业人才的能力要求。此外，财务会计的转型发展虽然对企业的发展提出了诸多的要求，但也给财会工作的开展提供了更多的动力。如果企业能根据大数据提出的转型要求开展创新性的财务工作，就能提升财会工作的先进性，也能对财会数据实施精细化的处理，更客观且全面地分析企业发展情况，科学预测可能出现的财务风险。

财务人员应该努力强化自身的专业技能，对先进的财务知识进行学习，积极转变工作理念，提升自身对财务软件的运用能力，以便实施更高层面的财务工作。财务人员也需要对财务数据进行深层面的思考，立足财务数据分析企业可能遇到的发展风险，以此制定科学的管理对策，帮助企业实现更稳定的发展。

二、企业财务会计外包模式应用

随着我国经济的飞速发展，逐步与国际接轨，全球的经济也逐步呈现出一体化的趋势。在这种现状下，企业之间的竞争越发激烈，企业必须不断地进行创新与改革，打破传统思维与管理模式，才能使企业在日趋激烈的竞争中立于不败之地。而财务会计外包作为企业灵活布局的重要手段，既可以减轻企业的管理和成本压力，又可以树立企业的核心竞争力。

（一）企业财务会计外包概述

企业财务会计外包是指企业从整体战略角度出发，将企业生产经营活动全部纳入战略大局的层面上，将部分或者全部的财务会计活动交由专业的财务会计机构来完成，实现企业的财务会计活动与企业的未来发展规划有机地结合起来，从而有效降低企业的会计成本，提升企业的整体竞争力。在全球化背景下，企业的成本问题越发突出，为了有效降低综合成本，突出关键业务，不得不对财务会计活动进行外包。通过外包，可以有效降低企业运营成本，充分利用外部的咨询服务技术、会计服务、信息传递等资源达到低成本高回报的目的。当然外包的出现及实施存在很多原因，其中最主要的原因有以下两点。

第一，可以降低企业运营成本。企业运营需要很多成本才能实现，企业经营状况良好与否，对于企业生存发展至关重要。影响企业运营情况的因素有很多，怎样对企业运营情况进行准确判断，需要以企业生产运营期间创造的纯利润为基础，获取的纯利润越高，证明其经营状况越好，当然若纯利润较低，或者呈现负数状态，则代表企业经营不够理想。获取更高的企业利润，最直接的方法有两种：一种是降低生产成本与运营成本，另一种是提高企业生产或者营销数量，拓宽销售渠道，提高销售量。在企业生产运行期间，降低企业生产成本的方式有很多，最有效也是最直接的方式就是进行业务外包。

第二，降低企业自身的财务风险。企业发展中，财务会计是十分重要的工作内容。但是我国企业发展类型多样，很多中小企业自身经营管理的理念相对比较传统，加上资金实力不足，经营模式不够完善，对财务管理方面的工作重视不足，没有设立专门的财务管理部门及时对企业财务工作进行管理，因而进行企业财务会计外包。很多企业设立的财务部门并没有实质性的工作内容，形同虚设，不能很好地履行财务管理部门应尽的职责。政府部门定期对企业进行检查，其中财务部门是检查的重点对象，若检查中发现财务方面存在问题，将会对企业造成严重的影响。企业发展期间，生产规模的不断扩大，也要求企业不断改进财务管理模式，满足企业财务管理的需要。当然，随着社会的发展以及经济的进步，企业财务管理问题越来越显著，这就要求企业积极实施财务会计外包政策，以更好地实现财务管理质量的提升。

（二）财务会计外包的方式

工资外包。将工资发放业务外包给第三方，可以解决员工的工资保密问题。工资信息都在外包商那里，因此员工无法得知其他员工的工资情况。这样可以避免员工之间互相比较，防止工作质量和效率降低。如今，此业务深受公司员工欢迎。

财务会计报告外包。外包前，公司管理层需要花费大量的精力和时间监督财务部门会计报告是否符合会计制度，是否按规定将财务信息报告给投资者、管理层、监督机构等相关部门。为了使管理层将重点更多地放在核心业务上，一些公司将财务会计报告业务外包给服务商。

应收账款外包。应收账款对于公司来说十分重要，应收账款及时收回可以提高公司资金利用率，如果拖欠时间过长，则可能使公司出现财务危机。然而，应收账款的核算和催款非常烦琐，需要大量的人力和物力。为了提高公司的工作效率，提高应收账款周转率，公司可以将应收账款业务外包给服务商。

（三）加强企业财务会计外包模式应用的有效措施

增加财务会计外包相关知识的了解。财务会计外包并不适合所有的企业，一些企业自身能够处理财务管理方面的问题，就不需要进行财务会计外包。采取财务会计外包的企业，并不是将所有的业务全部进行外包，而是将企业中一些业务交与外包机构，结合外包机构的能力对其进行处理。企业经营活动较多，就会产生很多企业财务活动，这种企业也需要进行财务会计外包，帮助其提高财务活动处理的效率，并且能够调节企业财务会计结构变化，帮助企业很好地规避部门之间出现财务造假的现象，提高企业财务运行的效率，获得更理想的财务处理结果。

选择合适的外包服务商。为了保证外包质量，企业在前期应该就外包商的整体水平、业界信誉、服务能力、专业化管理水平等进行考察，从而选择最好的外包服务商。除此之外，还应该充分考虑以下三个方面的因素：①外包服务商的服务质量。确认其能够高质量地开展财务会计管理工作。②外包成本。对于企业来说，进行外包活动的目的是降低财务会计管理成本，因此在基本满足自身财务会计管理要求的基础上，应尽可能选择服务价格最低的外包服务商。③外包商的市场口碑。外包商相关服务时间越长，服务能力就越高，越能够保证服务质量，就能够有效降低外包风险。

合理化外包合同的制定。对于财务会计外包来说，合同的制定也是极为重要的。这是因为合同不仅规定了外包服务中双方的责任和义务，也明确了发生外包问题时的处理方法。因此在制定外包合同的时候应该结合服务商独立性、企业控制力等因素，尽可能多地满足双方的要求，实现服务双方的利益以及风险均衡。财务会计活动涉及企业的机密，双方应该认真签订保密协议，明确服务范围、服务内容。企业应该加强与外包商之间的沟通交流，针对外包风险漏洞制定相应措施，从而保证财务会计外包活动有序进行。

目前，我国企业面临诸多压力，企业必须改变传统的管理模式，将有限的精力与资源全部用到加强企业核心竞争力的业务中，可以将一部分业务进行外包。虽然财务会计外包已逐渐受到诸多企业的认可，但是在进行财务会计外包过程中，一定要足够重视，避免在带来利益的同时忽略了其带来的风险。

第三节 管理视角下财务会计管理模式的创新路径

一、构建科学的财务组织与决策体制

财务组织与决策体制的构建目的在于通过合理配置组织要素，协调企业内各成员的利益关系，统一各成员的财务行为，使财务活动更有效率，从而实现企业集团的整合优势。

（一）合理设置财务部门机构

一个理想的企业财务组织应该是集权分权适度、权责利均衡的多级分层分权系统。在设置财务管理组织机构时，应按照“统一领导、分级管理”的原则进行，既要实现财务和会计的机构分离，以明确分工，又要讲求效率，尽量实现部门结构的精简化。

企业是整体运营发展的战略决策中心和投融资中心，其主要职能是协调整个集团的经济活动，主要设置以下财务部门机构。

1. 投融资部门

负责研究、策划企业集团的筹资方式、筹资渠道、投资方向、投资方式等战略问题和重大财务决策问题。

2. 预算控制部门

负责集团公司财务预算的编制，预算执行过程的控制与分析，预算执行结果的考核以及利润分配方案的制订等。

3. 营运资金管理部门

主要负责企业集团内外的往来结算、资金融通及运营资金收支平衡的管理等。

4. 审计部门

负责监督集团总部和集团其他成员企业对集团财会制度的遵循情况和会计资料的真实有效性。

在企业的财务管理体制中，子公司应该服从整个企业的财务战略安排。

但是，企业的子公司在法律上是独立经营、自负盈亏的法人实体。子公司的财务机构设置既要有独立性，又要符合与上一级财务部门有效沟通的要求。由于前述集权与分权形式的不同，子公司的财务机构设置可能有很大差别。一般来说，这一层面的财务部门主要设置计划财务部、成本控制部、资金管理部等。

分厂、车间或其他费用单位一般属于成本控制中心，通常在此层级不设置专门的财务机构，但可设置财务专员，如成本核算员，负责目标责任成本的分解、控制、核算、分析等。

（二）明确限定财务权责范围

企业财务组织通常涉及4个不同层面的内容：母公司董事会；集团财务总部；财务结算中心或财务公司；子公司财务部。在设有事业部的企业里，集团财务总部往往还设有财务派出机构（事业部财务部）。不同层面的财务组织具有不同的职能定位，应该明确其各自不同的财务权责范围。

1. 母公司董事会的财务权责范围

母公司董事会不属于财务管理的专职机构，而是整个集团经济活动的最高决策领导核心，其决策职责不仅仅局限于财务范畴，还包括业务、总务、人事以及对内、对外的各个方面。从财务角度而言，母公司董事会的职能与权责主要定位如下：①财务战略和财务政策（如投资政策、融资政策、收益分配政策等）制定权、调整变更权、解释权、督导实施权。②财务管理体制和财务组织机构的选择、设置与调整变更权，以及总部与子公司企业高层财务管理人员的聘任、委派、解职权。③对母公司战略目标与控股权结构产生直接或潜在重大影响的财务活动的决策权与处置权，如巨额融投资项目决策权、核心产业或主导产品战略性重组调整权、影响母公司或核心企业股权控制结构变更的融投资项目决策权等。

2. 企业财务总部的权责范围

企业财务总部通常就是母公司财务部，它是企业日常财务管理的直接发动者、组织领导者与最高负责者。但是，母公司财务部本身并不具有法人地位，而是母公司的职能部门。作为企业日常财务管理的总部，母公司财务部的职能与权限如下：①在母公司董事会的授权下，在企业整体范围内负责财务战略、财务政策的组织与实施工作，以及基本财务制度（包括财务组织与决策制度、责任预算制度、财务高层人员委派制度、经营者激励制度等）与重大投融资及分配方案的制订，并对组织与实施的效果负责。②实施责任预算控制，在预算管理控制体系中处于主导地位；负责战略预算的编制、实施与监控；强化财务风险的监测与危机预警功能，建立财务风险监测与危机预警体系。③规划企业的最佳资本结构，做到既能确保母公司对子公司的控制权，又能满足实施战略预算对资本的需要，并规划其资本来源渠道。④协调企业内、外部各利益相关者间的财务关系。检查、监督各级财务机构对财务战略、财务政策、基本财务制度、财务预算等的贯彻实施情况，并对财务、会计人员进行日常管理、专业培训和考核等。

3. 财务结算中心或财务公司的权责范围

财务结算中心是由企业母公司设置的，专门负责日常资金的调配、融通和管理，为内部单位之间提供结算、信贷及相关金融业务服务的财务职能机构。财务结算中心隶属于母公司及其财务部，本身不具备法人地位。在有的企业中，母公司财务部就是财务结算中心。

财务结算中心通过引入银行的结算、信贷、调控职能，在内部发挥着资金信贷中心、资金监控中心、资金结算中心和资金信息中心的多项职能，集商业银行金融管理与企业财务管理于一身。它主要通过“结算管理”和“信贷管理”来进行集团内部资金的收付及融通调剂工作，并通过财务结算中心这一“政策窗口”来影响各子公司及其他成员企业，从而规范与调控内部各单位的资金行为，推动整体目标的实现。

财务公司是在财务结算中心的基础上发展起来的更高级形式。它具有独立的法人实体地位，在母公司控股的情况下，财务公司相当于一个子公司；财务公司除了具有财务结算中心的基本职能外，还具有对外融投资的职能；财务公司在行政与业务上接受母公司财务部的领导，但二者并不是一种行政隶属关系，母公司财务部对财务公司发挥业务指导的作用。

4. 子公司财务部的权责范围

子公司财务部主要负责本公司经营范围内的财务活动。一方面，必须遵循或维护子公司作为独立法人的权力与地位，特别是财务方面的合法权益；另一方面，子公司必须遵循总部的财务战略、财务政策，将子公司自身的财务活动纳入财务一体化范畴，在企业的财务框架内从事财务管理工作。

5. 事业部财务机构的权责范围

事业部财务机构是强化事业部管理与控制的核心部门，在财务职责权限方面，主要包括：贯彻执行总部的财务战略与财务政策；负责事业部战略预算的编制、上报与组织实施；实施对事业部下属子公司或工厂等的财务运作过程的控制等。

（三）建立科学的财务决策制度

建立科学的财务决策制度的核心是解决财务决策权的合理分配和决策程序的构建问题。要在充分发挥民主并认真进行调查研究的基础上，以系统分析方法为手段，采用科学的方式、方法和手段，使决策者的主观意志与客观实际达到完美统一。

1. 合理分配财务决策权

企业内部存在多个决策主体，不同的决策主体具有不同的决策权限。必须合理界定这些主体之间的决策权限范围，避免决策过程中产生“自作主张”或“越俎代庖”的现象。

企业财务决策结构是建立在分层基础上的，可以划分为三个基本层次，即最高决策层、中间决策层和基层企业层。

不同决策层有着不同的决策内容。其中，最高决策层对整个企业实施协调和控制，它做出的决策是战略性的，针对的是企业整体长远的、根本性的问题；中间决策层通常是企业的子公司或事业部，作为企业的利润中心，它不直接参与其所管辖的成员企业的经营，只是在企业的投资战略规划下进行事业或地区性决策；基层企业层是从事生产经营的单位，作为企业集团的成本中心，它做出的决策都是常规性的。在同一层面，就不同部门而言，每个部门都担负着不同的职能，因而其决策权就限定在其各自相关的范围内，在决策权限方面也就有所不同；就不同成员企业而言，每个企业都拥有相当大的自主性和灵活性，各自也拥有相对独立的决策自主权。

合理的授权是提高财务决策效率的关键，企业应通过强化授权审批制度的方式，实现决策权的合理配置。授权时应遵循“统一指挥、逐级授权、职权明确、权责对等”的原则。应建立和完善重大事项集体决策制度、专家咨询和评估制度、决策听证和公示制度、决策责任追究制度。与此同时，财务决策只有授权是不够的，必须严格加强审批管理，实现对被授权者财务决策的管理和监控，减少决策的随意性。

2. 科学设计财务决策程序

首先，要建立健全决策信息系统。决策的科学性来自对客观情况的了解和分析以及对相关因素的周密调查和论证。因此，有必要建立一整套完备的信息收集、整理、储存系统，提高信息的准确性和及时性，减少信息传递的损耗和延误，降低决策成本。同时，职能部门应在调查研究的基础上提出多种方案，便于决策者在各种方案中做出选择。

其次，要建立健全规范的决策流程。决策者所做的每一项决策，都必须严格按照规定的流程进行。流程设计包括事前、事中、事后三个阶段。其中，事前要有缜密的调研分析、专家评估和民主评价，在此基础上进行充分的项目可行性论证；事中实施过程要有检查监督；事后要有反馈报告。决策目标要明确，拟定的方案要尽量多而且可行，方案评审选优的方法要科学，决策方案的实施要坚决。财务决策流程既要考虑能够充分发挥民主，集思广益，又要适当集权，以迅速实现决策方案的甄选，尽快形成科学的、执行力强的可行性方案，提高决策效率。

二、建立健全财务会计相关控制体系

企业在实施财务控制时，需要从制度、组织、人员三个方面进行设计，选择合适的控制方式，协调各方目标，保证企业整体目标的实现。建立健全财务控制制度是其中最重要的一环。

（一）明确财务控制的目标和内容

对企业实施财务控制是集团多级法人组织内部控制的重要手段之一，是实现整体目标的需要，也是企业资源优化配置的需要。企业财务控制的目的在于更好地发挥约束激励机制，增强员工的积极性、创造性与责任感，并由此在整体上提高财务资源配置效率。基于企业的多层次结构，财务控制活动相应地涉及以下三个层面的控制目标和内容。

第一层是出资者层面的财务控制，其重点在于资本的保值、增值以及对经营者的约束激励等，如母公司董事会的控制，而总部虽然相对于董事会是经营管理者，但它更多地扮演了下属企业出资者的角色，因而企业总部对下属企业的财务控制也是出资者财务控制的范畴。第二层是经营管理者层面的财务控制，其财务控制目标是实现经营利润或资产收益的最大化，在实际操作中涉及资金管理、内部审计、财务经理的委派等方面。第三层是财务经理的控制，其目标是实现现金净流量的最大化，主要通过优化配置财务资源、落实责任预算制度、有效地执行和控制财务活动等方式来实现。

（二）建立健全财务控制制度

企业的财务制度涉及董事会、经理层和基层财务管理部门三个层次的财务权限和责任，包括它们各自在筹资决策、投资决策、收益分配决策等各项财务活动中的权限和责任。健全的财务控制制度包括预算控制制度、资产管理制度、成本费用控制制度、财务信息披露制度、资金结算制度等。

1. 完善预算控制制度，推动全面预算管理

预算控制是财务控制的最主要方式之一，它通过事先确定目标，然后收集、归纳、总结能够反映实际运行情况的信息，并将二者进行比较，最后根据差异分析来决定控制的方向和强度。预算的编制采用从下到上的方法，考虑了下级的意见，照顾了下级的利益，使下级单位及管理人员易于接受，有利于调动成员企业的积极性，也有利于各成员企业从企业的角度来审视其经营活动。同时，预算需要各成员企业相互配合和协调，减少摩擦，提高效率，易于形成合力，从而增强整个企业的竞争力。

企业在进行预算控制时应该考虑其自身的特点，使预算具有战略性与全局性，并且保持一定的弹性。在具体实施预算时，企业的高层管理者应给予全力支持，落实预算考核，使企业目标成为各个成员乃至个人的目标，确保全部成员在一个共同目标上形成合力。

建立责任预算制度是预算控制的重要方式。所谓责任预算制度，就是在企业内部以责任单位或项目为核算对象，以其可控成本、收入、利润和投资等为对象进行预算编制的制度。实施责任预算应先设置责任中心，其是承担一定经济责任，并享有一定权利的企业内部单位或责任单位。明确责任中心后就应确定责任考核的范围和各种责任指标，确定责任范围时必须考虑可控性、可预见性、可计量性和全面性。最后形成责任报告，对责任预算的执行情况进行系统反映，对比实际完成情况与预算目标，来评价和考核各个责任中心的工作成果。

责任预算的编制程序有两种：第一种是以责任中心为主体，自上而下地将企业总预算在各责任中心之间层层分解而形成各责任中心的预算。其优点是使整个企业浑然一体，便

于统一指挥和调度，不足之处是可能会遏制责任中心的积极性和创造性。第二种是各责任中心自行列示各自的预算指标，自上而下、层层汇总，最后由企业专门机构或人员进行汇总和调整，确定企业总预算。其优点是有利于发挥各责任中心的积极性，但往往各责任中心只局限于本中心的情况，容易造成彼此协调难度大、互相支持少，以致冲击企业的总体目标，影响预算质量和编制时效。建议我国企业采用第一种方法。

在实施责任预算的基础上，大力推行全面预算管理，是加强我国企业财务控制、提高我国企业管理水平的有效途径。所谓全面预算管理，是以编制预算为起点，围绕预算的实施、控制、评价和考核展开的管理活动。它要求企业预算工作以企业的战略发展规划为基础，明确长期发展目标，落实企业内部经济责任制，明确各部门的工作目标。全面预算管理不只是财务部门的工作，应要求企业销售生产等业务部门共同参与。

2. 建立统一结算管理制度，加强资金集中管理

企业应该加强对成员企业尤其是全资、控股子公司资金的监控，建立统一结算管理制度，对资金集中调度和管理，实现内部的资金整合管理。要完善企业内部结算中心的功能，并在此基础上考虑成立内部银行或财务公司等组织形式，对资金进行统一调配，充分发挥其合理筹资、调剂余缺、控制流向、降低资金成本的作用。管理层应充分考虑各种因素，合理安排融资规模，严格控制资金的流向，为主营业务和有潜力的行业提供充足的资金流保障；对与发展方向不相适应的行业或没有前途的、亏损严重的行业，要果断地进行“关、停、并、转”处理，坚决避免出现“亏损企业拖垮盈利企业”的局面，高效率地运用资金。

要通过财务信息化等手段，借助 IT 技术和网上银行管理，强化对内部企业资金结算的动态管理。应规定成员企业严格按照银行账户管理办法开立和使用银行账户，杜绝资金账外循环现象。搞好银企合作，通过银行统一授信的办法，由集团统一向商业银行贷款，分配给成员企业使用，贷款到期后再统一还款，以便于降低分散筹资的成本和信贷风险。

3. 完善信息披露和监控制度，提高财务信息质量

财务信息披露和监控制度包括财务报告制度、重大财务情况通报制度、内部授权制度等。只有建立财务信息披露和监控制度，才能够使企业总部得到全面、及时的财务成本信息，提高决策的科学性，进而对各成员企业受托责任的履行情况进行监控。

要充分发挥财务信息的决策价值与控制功能，总部必须以制度的形式从信息质量标准、报告标准、内容结构以及组织程序等方面确立一整套明晰的、可操作性的信息报告规范，也就是要建立规范的财务报告制度。具体包括财务信息质量标准、财务信息报告标准、财务信息报告内容结构和财务信息报告程序等。

三、完善财务会计的约束与激励制度

（一）构建合理的财务约束制度

1. 完善企业集团的法人治理结构

要以《中华人民共和国公司法》为依据，通过引入市场机制，改善股权结构，实现股权分散化，完善企业集团的“三会”制度，明确股东大会、董事会、监事会和经理层之间的关系和权责范围。在完善企业集团股东大会、董事会和监事会制度时，应强化董事义务和责任意识，严格执法，依法追究违法董事的法律责任。增加外部董事、独立董事，并建立董事长、总经理的分离机制，避免董事会与经理层管理人员的交叉任职，董事长和总经理原则上不得由一人兼任，使董事长、总经理各负其责，提高董事会的独立性。充分发挥董事会对重大问题统一决策和选聘经营者的作用，建立集体决策及可追溯个人责任的董事会议事制度。加强监事会的权威性，要通过立法等手段，不断强化监事会的功能，明确监事会的职责和权限，制定具体工作规则和议事程序，避免使监事会流于形式。

2. 建立健全各种财务制度

（1）建立健全资产管理制度

建立健全严格的资产入账、管理和清转制度，落实责任人，防止资产的流失。对于各成员子公司日常合理的、规定限额以内的资产损失，经过严格的审批程序，可由其自行处理；对超出限额的资产损失，必须由各成员子公司提出处理意见，报企业总部统一处理。各成员子公司对外投资的各类资产，必须在进行充分可行性研究的前提下，报集团总部批准。各成员子公司一般不得对外提供经济担保，确属特殊情况者，必须报请企业总部审批。对于固定资产技术改造投资，需注意投资报酬率，由企业总部统一规划，各成员子公司具体组织实施。

（2）完善成本费用和利润管理制度

企业总部应对各成员子公司成本费用管理进行指导、检查，以防止效益低下、浪费资源。企业总部要根据相关财务制度，结合实际情况，制定本集团的管理办法，各成员子公司再据此制定实施细则，报集团总部备案，并实行定期检查与日常指导相结合的管理办法。

企业总部还应加强对各成员子公司财务核算与利润分配的管理，维护出资者权益，保证企业的发展后劲。各成员子公司不得擅自扩大营业外支出，各种公益、救济性捐赠支出等应该事先报集团总部批准。各成员子公司的税后利润分配方案和“实收资本”的结构或数额变化，特别是涉及产权变动的事项，都应该事先报企业总部批准。

（3）建立财务报告与合并报表制度

各成员子公司要按期向企业总部报送财务会计报表，并保证其真实性、合法性和完整性，有条件的地方要先经注册会计师对其财务报告进行验证。各成员子公司要随报表编写财务报告说明，尤其是对一些期后事项，或有负债或有损失等，要向企业总部说明清楚，必要时可由企业总部对其财务报告进行某些调整。按照财务评价指标的要求，选择有关反映经济运行状况和运行质量的敏感指标，根据日常收集整理的财务、统计等信息，及时向其发出是否接近临界值的警示，发现异常及时提出建议或措施，以防患于未然。同时，为了保证集团公司的整体利益以及股东和债权人的利益，企业集团应该编制合并会计报表，以便反映各成员子公司的经营成果和企业集团整体的经营成果及财务状况，并定期向外部进行公布。

3. 加强财务会计人员管理

财务会计人员管理是企业财务约束的重点环节。在加强财务会计人员管理时，应做好以下几个方面的工作。

（1）规范财务会计人员的授权任免

加强财务会计人员管理的第一步就是要做好财务会计人员的任免工作，明确他们的权责范围，主要应考虑两个方面的问题：一是不相容的职务相互分离制度，合理设置会计及相关工作岗位，明确其职责权限，不得由一人同时担任，形成相互牵制的机制；实现财务管理与会计核算职能的分离，彻底走出企业财务人员“双重身份”的尴尬境地。二是强化授权批准制度。严格地讲，企业所有事项都必须经审批后才能执行，大到公司项目、投资运转，小到日常开支、费用支出、物资采购等。授权审批是事前控制，因此可以将一切不合理、不合法、不可行及不正确的事项制止在发生之前。有效的授权审批应明确规定授权审批的范围、权限、程序、责任等内容，还必须建立财务审批的权威，加大授权审批的约束力度。在具体操作上，一是建立企业重大决策集体审批制度，杜绝个别负责人独断专行，胡作非为；二是加强对职能部门的控制监督，建立部门之间相互牵制的制度，以杜绝部门权力过大或集体徇私舞弊；三是加强对关键岗位管理人员的控制监督，建立关键岗位轮岗和定期稽查制度，以杜绝重要岗位人员以权谋私或串通作案。

（2）提高财务会计人员的素质水平

财务会计人员素质包括职业素质和专业水平两个方面。通过加强企业文化建设，提高员工的综合素质和对企业的忠诚度，增强员工对企业目标的认同感，以顺利实现财务管理目标。同时，建立行之有效的培训机制，定期对集团及所属成员企业的财务会计人员进行培训，不断提高员工的专业水平。引导财务相关人员认真学习各项财会规章制度，并定期对所属企业各项财务制度的执行情况进行检查，发现问题及时纠正，使集团及所属成员企业的财务管理更加规范化、制度化，从而有效杜绝因个别人不按财务制度规定的程序办事给公司造成损失。随着市场经济体制改革的深入、法规体系的逐渐完善，财务会计人员需要不断更新观念，加强职业道德培训和业务学习，从而具备扎实的理论功底和丰富的实践经验。

4. 推行财务总监委派制

财务总监委派制，是母公司为维护集团整体利益，强化对子公司经营管理活动的财务控制与监督，由母公司直接对子公司委派财务总监，并纳入母公司财务部门的人员编制实行统一管理的制度。

由于财务总监接受出资者的委派而不受被委派单位的领导，直接对上级单位负责，具有较强的独立性，因此非常有利于母公司对子公司财务状况的把握和控制。在具体实施过程中，首先，应严格按照规定的任职条件，对委派的财务总监进行综合考核。合格的财务总监必须符合一定的任职资格，必须熟悉国家财经法律法规和规章制度，具有扎实的财会专业基础和较强的业务处理能力，同时必须具备坚持原则、奉公守法、严于律己等基本素质。委派和被委派单位都要加强对财务总监的监督，当发现委派的财务总监不能胜任本职工作时，经委派部门审查核实后，按任免程序进行调整。其次，应明确委派财务总监的职责。其主要职责是组织领导被委派单位及所属单位的会计核算和财务管理工作，参与重要经济活动的决策与审批，以及审核企业财务报告，主管被委派单位的财务收支审批工作等。最后，完善各种配套制度，应建立与财务总监委派制相配套的各项制度，如对委派财务总监的资格确认制度、业绩考核制度、奖惩制度、报告制度、述职制度、重大经济事项联签制度等，以保证财务总监委派制的顺利实施。

（二）完善经营者激励制度

建立科学的业绩考核制度，对企业的获利能力、偿债能力等进行系统评价，从而对经营者实施相应的奖罚。首先，要形成一套科学的业绩考核指标，这套指标要能够真实反映被考核对象的财务状况和经营成果，要满足以下标准：①易于统计，具有横向可比性；②具有针对性，不同层级的经营管理者对应不同的考核指标；③既要真实反映短期的经营绩效，又要反映企业的长期发展状况。其次，要落实考核的主体，即由谁来进行考核。在企业中，也就是作为出资者的上级公司或董事会对下属企业成员的考核；对于国有企业的整体考核，应由国有资产管理部门或国有资产授权经营单位进行。考核必须做到有奖有罚，在将经营者的报酬和企业的效益进行有效挂钩的同时，还应把经营者的损失与企业的损失联系起来，形成奖罚分明的业绩考评制度等。

尽快完善有关经营者激励的政策法规，对企业建立经营者激励机制进行规范和指导。其中，最重要的一环是要改革企业经营者任命制，尽量减少国有企业经营者的行政任命，应引入竞争机制，逐步实行市场化选择。这就要求加速完善公平竞争的市场经济体制环境，特别是完善充分竞争的职业经理人市场和资本市场。

合理选择对经营者的激励方式。经营者激励的方式有很多种，如年薪制、经营者持股、股票期权制等，不同激励方式的适用条件和激励效果也各有不同。企业应在坚持“业绩挂钩，固定收入与风险收入相结合、以风险收入为主，长短期激励相结合，效率优先、兼顾公平”的原则、深入研究本集团的实际情况下，选择最有效的激励方式。在当前环境条件下，应采取多种激励方式有机结合。例如，年薪制与期权制的结合：从调整年薪制中基本年薪与绩效年薪的比例入手，适当加大绩效年薪的比重，并通过期权的方式来兑现。类似的还有年薪制与股权制的有机结合，股权制与期权制的有机结合，年薪制、股权制与期权制的有机结合，等等。

四、加快推进财务会计的信息化建设

推进信息化是财务会计管理模式优化的必要手段。在现代财务会计管理发展过程中，财务会计管理信息化是集团必须面对和处理的问题。在经济全球化和信息化的发展趋势下，信息技术作为现代化发展的主要手段，为集团公司的财务会计管理提供了重要支持。企业需要充分利用信息技术来提高管理水平，增强对财务信息的统一集权化管理，进而防范并控制企业经营可能产生的风险。同时，充分利用现代化信息技术，把子公司和总部联系起来，有效保障“集权为主，分权为辅”的相容型财务会计管理模式的实现，保持沟通的有效性及时效性。企业已经趋向于构建一个信息化平台用于总部与子公司的财务信息沟通，最重要的是能够及时反馈企业下属分（子）公司的财务状况，从而最大限度对子公司的财务信息及数据进行提取和分析。以集团整体的信息化战略作为基本战略目标，并以国家政策为基本标准，分析集团内部的实际需要，同时以新中大财务软件作为平台，实现其他业务平台与财务会计管理系统的数据连接。以对企业财务会计管理模式的优化及重组为基本手段，把企业所涉及的所有财务信息构建到信息化财务系统中去，且该系统必须与当前国内信息系统的标准相匹配，最终构建出适合企业发展的财务会计管理信息系统。对财务信息化进行总体规划，并分阶段建立统一的财务会计管理信息平台，实现财务会计管理信息平台的及时、有效升级。

（一）确定财务管理信息化目标

按照企业一直遵循的财务管理思路，对财务管理信息平台进行有效且完善的构建，从而最大限度实现集团内部关键财务和业务信息的集中，实现资源、数据、决策和运营的信息化，实时、动态地反映企业的财务状况，合理分配和控制企业拥有的资源，为集团的可持续发展提供有效的财务支持和财务决策，从而满足企业发展的利益需求。

（二）财务共享信息系统整体规划

在系统平台的选取上，根据集团的实际需要，综合评估各个平台的使用效果，选择适合集团的软件平台作为财务管理系统的结构平台。通过系统的实现，打破以往总部与子公司财务信息沟通的局限性，将企业各分（子）公司的数据统一到一个完善的信息平台中去。这一部分针对的是财务管理、资源管理和战略管理三个方面功能的实现。

（三）建立专业专职的团队，定期进行业务培训

财务信息管理与人才队伍的建设密不可分。因此，财务人员需要精通财务管理相关技能，并执行相关工作所需的计算机应用程序级别。它主要包括全面的技术技能，例如，如何使用财务软件和定期维护设备。对综合专业人才的培训要求企业定期加强对财务管理、计算机技术和其他相关领域的培训。建立一个电子学习管理平台，注重科学性和实用性，结合实际定期对财务人员进行专业培训，储备可利用人才。

（四）构建统一的财务管理体系

对财务管理系统进行标准化的构建，使该系统能够比较全面地集合所有的财务基本数据、财务组织关系、财务业务流程等，这对于形成集团内部的标准化管理机制有着相当大的作用。应考虑不同子公司业务范围的独特需求，加强财务信息的整合，然后实现业务与业务、成员单位与成员单位、集团与成员单位之间的信息交互机制，最大限度地保障企业内部数据和信息的准确、及时且透明，从而保障集团对财务管理体系的集权化管理。

五、集中精力构建相应财务共享中心

（一）财务共享服务概念

财务共享服务指的是在当前信息化快速发展的背景下，以信息技术为支撑，实现财务业务的流程化管理。将部分具有共性且已基本标准化的业务统一起来，建立财务共享中心，对这些业务进行规范统一、快速高效处理，从而最大限度地帮助企业财务管理的流程更加便捷、更加优化，这对于提高集团的整体经营水平和运作效率都具有促进作用。

（二）财务共享中心的实施

财务共享中心的实施必须以企业实际情况为依据，企业在实施构建财务共享中心时应采用“先易后难”的基本原则，选取试点单位实施，分析并明确相互之间的财务共享服务范围，最终对其财务共享中心进行设计。

通过建立财务共享中心，积极探索财务共享服务的管理模式和运行模式，明确集团财务总部、分（子）公司财务部门和财务共享中心之间的权责界限，提高了财务管理效率，降低了企业运行成本。总结适用于企业发展的财务共享服务经验，可为整体规划的制定和全面普及推广提供支持。

第四章　企业财务会计工作创新

第一节　新经济时代财务会计工作创新

在新时代，互联网技术得到广泛的应用，财务会计人员的工作环境和业务性质都发生了很大的变化。会计人员不仅要掌握深厚的会计基础知识，还要具备一定的计算机技能，另外会计信息的真实性关系着企业决策的正确性。因此，在会计工作中还应当懂得如何有效地过滤会计信息，确保会计信息的真实可靠，同时要具备较高的职业道德素质，严守企业的财务机密，防止竞争对手的窃取。在国际贸易频繁、财务工作更加细化的情况下，财务会计人员还要懂得国际上通行的财务会计、审计等知识，具备一定的经济法律知识，以提高工作水平。

一、新经济时代对财务会计基本理论的冲击

（一）对会计对象的冲击

调整经济结构的目的是提高生产要素的配置效率，以较少的投入实现新增社会财富和福利的最大化。在新经济条件下，会计信息的使用者不只是关心企业过去的价值增值运动的数量方面，大多数信息使用者由于决策的需要，同样关注企业现在和未来的价值增值运动的数量方面。这一点随着新经济的到来，将显得更加迫切和重要。因此，会计对象有必要从过去的价值增值运动扩展到预期的价值运动。会计对象的扩大，已经表现在会计既可以提供历史信息，又可以提供预测未来信息。在新经济条件下，人力资源会计、社会责任会计、资本成本会计和财务预算等方面的信息，将被列入财务报告的范围，因此，会计对象的内容也在不断丰富与发展。

（二）对会计职能的冲击

新经济时代，会计的职能发生了很大的变化，其由原本的反映和控制工作扩展到反映、控制、预测三个职能，需要注意的是，这三个职能是相辅相成的。反映就是对过去工作的总结，控制就是保证会计目标的实现，预测就是在过去的基础上对未来的预测。而企业的决策水平也主要取决于财务会计相应信息的反映上，不仅包括财务信息，还包括非财

务信息，由此可见，财务会计的基本职能拓展为反映、控制和预测。

（三）对会计计量的冲击

会计计量历来是会计的核心。传统会计计量是以历史成本为基础的计量模式。但是，金融的不断创新，以及无形资产在新经济时代企业价值创造的核心地位，都对传统历史成本计量模式产生巨大冲击。由于西方金融市场行情波动日益激烈，变幻莫测，表外融资和衍生金融工具交易蕴含极大的风险，误导市场参与者，乃至使投资者或债权人遭受重大损失。因此，历史成本属性根本无法对衍生金融工具进行计量。公允值属性成为计量衍生金融工具的理想选择，甚至是唯一选择。

（四）对财务报告的冲击

新经济环境对会计确认和计量的冲击，最终都会反映到财务报告上来。传统财务会计由于受确认标准和计量困难的限制，将许多决策者有用的信息都排除在会计系统之外，比如对自创无形资产基本上不确认和计量、对动力资源不确认和计量，造成财务报告信息数量上的不完整；从本质上看，财务报告的信息相关性、及时性也面临着挑战。财务报告要适应新经济时代“快”的要求，需要改革传统信息加工和报告形式，充分利用现代计算机技术和通信网络技术，使会计信息系统更加灵敏、准确、及时。

二、新经济时代财务会计人员提高工作水平质量的措施

（一）树立终身学习的意识，坚持与时俱进

传统的会计制度较大程度地限制了财务工作人员的主观能动性的发挥，留给财务人员的选择和判断的空间过于狭窄。而大多数企业在选择财务人员时，都偏于选择一些具有工作经验的工作者。在新经济时代，财务主体和信息处理的方式都发生了很大的变化，若财务人员更多地注重对现有财务业务知识的钻研和财务处理技巧的积累，只单纯地掌握财务知识已经不能够满足现代企业发展的要求。还需要具备一定的计算机、国际贸易和网络经济等多方面的知识。随着现代企业业务范围的扩大，新型的经济组织形式层出不穷，这就需要财务工作人员树立终身学习的意识，接受各种新的理论知识和技能的学习培训，跟上时代的步伐，适应现代社会发展的要求。

（二）有创新意识，发挥主动性和创造性

在传统会计下，会计账目和报表基本是确定的，在新经济下，随着网络经济的发展，会计工作正向生产、经营和管理的各个层次渗透，在分析经济情况、有效控制资源、参与经济决策、防范经营风险和预测经济前景等方面的作用日益明显。财会人员要摒弃那种只讲核算、不讲管理的思维模式，也不能只按经营管理层的要求被动提供会计信息，而是要

有创新意识，发挥主动性和创造性，利用自己熟悉财会专业知识的优势，从专业的角度为企业经营管理提供有效信息。

（三）重视对新经济下会计理论的探讨

面对新经济下企业财会环境的变化，如对会计假设的影响，财会人员应从理论上进行深入研究，并积极关注国内外学者在新经济下对企业财务会计影响的研究，特别是要借鉴国外已有的研究成果，结合中国的实际情况进行探讨。财会人员只有拥有深厚的财务会计理论知识，才能在实践中不断创新、灵活运用。

（四）培养自己敏锐的洞察能力，发现与解决会计实践中出现的新问题

在网络时代下，对财会人员的要求不是获取信息的能力，而是对信息的整理、分析及快速做出反应的能力。随着经济的发展，财会人员的职能将会越来越广。除了传统的记账，还包括对企业生产成本的控制、营运资本的管理、风险控制与核算、战略投资的策划、财务报表的分析与预测、前瞻性信息的提供等。这些都要求财会人员具备较强的分析、判断、选择和决策的能力。为培养自己敏锐的洞察能力，财会人员要加强学习、注重提高理论素养，不断吸取新知识，掌握新情况，保证既有坚实的会计理论基础，又有熟练的会计实践能力。

新经济时代的到来，会计学界应当积极地迎接挑战，及时地研究解决新经济时代带来的问题，推进会计的变革与发展，这样才能够适应新时代的经济环境，推动企业的持续发展。作为财务会计工作人员，除了要牢固地掌握专业知识和技能，还应当树立终身学习的理念，不断地探索新知，掌握一定的计算机操作技能、法律和国际贸易知识等，以有效地面对新时代的发展要求。

第二节　网络时代会计工作创新

一、网络时代财会工作现状

当今世界，以电子计算机技术为代表的高科技产业以几何级数爆炸增长。以现代科技为基础的新兴产业已在世界经济发展中占据了主要地位，推动和促进了世界经济向前发展。信息技术的迅猛发展，标志着人类社会正由工业经济时代向网络经济时代过渡。作为网络经济的基础，互联网正在改变着人类社会传统的工作方式，这一切都极大地挑战着传统财会工作的理论和实践。传统的财务会计理论是建立在一系列假设的基础上，即会计主体假设、持续经营假设、会计分期假设和货币计量假设。传统财务会计的四个假设适应传统的社会经济环境，并为会计实践所检验，证明了它的合理性。但是，当互联网走进现代

人们的日常生活，并充斥于社会经济活动的各个方面时，使以前会计假设所依据的社会经济环境发生了翻天覆地的变革。

二、网络环境引发的财务会计问题

（一）基于互联网的会计信息系统控制风险加剧

基于互联网的会计信息系统是一种内联网结构的系统。企业内联网并通过互联网，为企业内各部门之间，企业与客户、供应商之间，企业与银行、税务、审计等部门之间建立开放、公布、实时的双向多媒体信息交流环境创造了条件，也使企业会计与业务一体化处理和实时监控成为现实。但是，由于互联网、内联网系统的分布式、开放性等特点，与原有集中封闭的会计信息系统比较，系统在安全上的问题更加突出。基于互联网的会计信息系统的风险主要来自系统故障风险、内部人员道德风险、系统关联道德风险、社会道德风险等各个方面。

（二）会计系统内部控制的难度加大

1. 网络构成要素的复杂性使得系统安全控制的难度加大

网络是一个庞大的系统，电子商务是一种整合的经济模式，交易与服务活动的完成一般以企业内联网、企业外联网和互联网 3 种网络为基础。计算机硬件、软件、人员和各种规程等构成上述各种网络组织的基本要素。由于硬件配置不合理、软件功能欠完善、系统操作失误、内部管理人员的非法访问及来自外部的恶意攻击等原因，网络组织的各个层面将面临严重的安全威胁。错综复杂的网络结构使得系统安全问题日益突出，安全控制的难度将进一步加大。

2. 网络数据处理的集中性使得传统的组织控制功能减弱

网络的应用大大减少了人工输入环节，数据访问和数据交换都通过应用服务器进行。网络计算机集成化处理促使传统手工会计中制单、复核、记账等不相容岗位相互牵制制度的效力逐步削弱，传统的组织控制功能弱化。

3. 网络环境的开放性使得会计信息失真的风险加剧

从信息的取得渠道来看，其来源具有多样性，有可能导致审计线索紊乱；从信息传递的方式来看，大量信息通过网络通信线路传输，有可能遭受非法的拦截、窃取和篡改；从信息的存储形式来看，信息大都以电子数据的形式存储，肉眼很难辨认，易被修改、删除、隐匿、转移和伪造且不留痕迹。网络系统的开放性和动态性加大了审计取证难度，加剧了会计信息失真的风险。

（三）高级网络财务会计人员相对短缺，阻碍网络财务会计进一步发展

网络会计人才是复合型人才，既需要了解会计，又要懂得管理；既有原则，又有创造性、灵活性；既熟悉会计电算化知识，又熟悉网络知识；既会会计业务操作，又能解决实践中存在的种种问题。网络会计执行的任务为：编制财务预算，对系统所产生的数据进行加工；对子系统进行设计，设计各种内部报表，审查管理方案，为高层管理人员提供各种信息咨询。目前，我国财务会计人员在工作实践、知识结构等方面的缺陷，不能满足网络财务会计发展需要，成为网络财务会计发展中面临的问题。

（四）会计支付结算业务的电子化和国际化

网络经济时代，会计核算从有形货币核算转化为电子货币核算，将具有更强的即时性和重要性。电子商务对于传统商品交易活动是一种前所未有的创新和革命。在未来的商品交易过程中，将大量使用包括电子目录、电子广告、电子合同、电子报关、电子核算等各种电子手段。归纳起来，未来支付方式将在以下几个重要方面呈现出新的面貌和表现形式：一方面，表现在商品交易形式上，由于通过网络面对面的互通信息和商务谈判行为的增多，直接销售方式将会得到迅速发展，并占有相当重要的地位；另一方面，表现在购买活动选择性的加强和决策效率的提高。此外，随着电子银行和金融服务的运用，包括商品交易付款、报关、纳税等在内的货币结算方式将变得更加迅速、便利和准确。应该看到，伴随着商品交易过程的电子化、数字化，电子支付方式在大力减少人力和物力、降低成本、提高工作效率的同时，传统的支付方式必将产生根本性变化。

三、网络财务会计实施的重要性

一是新形势下为了及时、准确地提供经营管理所需要的会计信息，不少企业相继建立了电算化会计信息系统。这种方式投入少、见效快、使用维护容易到位，不过也有其致命弱点。大多数企业在对会计信息系统电算化的好处予以认可的同时，往往忽视了它存在的巨大风险。二是随着我国会计核算制度的进一步国际化，国外会计软件对我国会计制度的适应性明显增强。会计制度和会计准则的变化，将对会计电算化以及其内部控制提出新的要求。三是适应互联网时代发展趋势。网络下的会计电算化系统很有可能遭受非法访问甚至黑客或病毒的侵扰。这种攻击可能来自系统外部，也可能来自系统内部，而且一旦发生将造成巨大的损失。所以，加强网络会计电算化系统内部控制十分重要。

四、网络财务会计系统软件的发展现状

（一）处理规范、流程单一

传统的会计软件基本上是核算型财务软件，它的特点是处理规范、流程单一。由于我国软件人才不足，所以在财务软件发展过程中一直存在重技术、轻管理的倾向。财务会计软件作为单位信息系统的一个重要组成部分，其灵魂应当是先进的管理思想和管理方法。计算机技术只是实现的手段和保证。

（二）网络软件系统层次

网络软件可以分为数据处理系统（DPS）、管理信息系统（MIS）、决策支持系统（DSS）三个层次。传统的会计软件基本上是核算型软件，主要是对手工业务流程的模拟，核算信息有待于进一步加工，因而只能属于 DPS 这一层次。近年来，有些软件公司相继推出了“管理型”财务软件、“决策支持型”财务软件，但这些软件只是在原核算功能上增加财务比率分析、领导查询模块等，离真正意义的决策支持相去甚远。

（三）会计支付结算业务的电子化

网络经济时代，会计核算从有形货币核算转化为电子货币核算，将具有更强的即时性和重要性。电子商务对于传统商品交易活动是一种前所未有的变革。在未来的商品交易过程中，将大量使用包括电子目录、电子合同、电子核算等各种电子手段。

五、网络时代财会工作的新动向

（一）网络会计产生的历史背景

1. 网络会计是网络经济发展的必然产物

网络不仅是信息传播的载体，也为企业的生产经营活动提供了新的场所，它改变了传统的管理模式和交易方式。首先，网络为生产经营提供了新的场所。在网络经济环境下，企业可通过网络不断拓宽自己的生产经营场所，了解最大范围内的客户需求，从最大范围内挑选出最佳供应商，通过在客户、企业和供应商之间传递的信息流，减少中间环节，从而以最快的速度、最低的成本进入市场，不断提高和巩固企业在竞争中的地位。其次，网络经济的兴起，还促使没有经营场地、没有物理实体、没有确切办公地点的虚拟企业的出现。虚拟企业使传统企业模式发生了根本性的变化，同时也深刻地改变了传统的交易方式。

2. 网络会计也是财务会计发展的必然产物

互联网的出现，使社会的经济信息系统发生了重大变革。首先，会计数据的载体由纸

介质变为磁性介质和光电介质。这种置换使得数据的记录、存储、传递由“机械形式”转变为“电磁形式”，从而为会计数据的分类、重组、再分类、再重组提供了无限的自由空间。其次，会计数据处理工具由算盘、草稿纸转变为高速运算的计算机，并且可以通过网络进行远程计算。在算盘和草稿纸时代，会计人员的精力主要用在会计数据的分类、分配、汇总等简单劳动上。互联网的出现带来了根本性的变化，如数据处理、加工速度成千上万倍提高，不同人员、不同部门之间数据处理、加工和相互合作以及信息共享不再受到空间范围的局限。这种改变使得会计人员从传统的日常业务中解脱出来进行财务会计信息的深加工，将主要精力投到财会信息的分析上，为企业经营管理决策提供高效率和高质量的信息支持。最后，会计信息输入输出模式由“慢速、单向”向“高速、双向”转变。互联网的出现，不仅使慢速、单向的会计信息输入输出模式变为高速、双向，而且能满足网上交易的需要，实现实时数据的直接输入输出。

（二）网络会计的特点

一是网络会计为现代企业的生产经营活动提供了新的场所、新的契机。在网络经济环境中，企业可通过互联网不断拓宽自己的生产经营场所，了解最大范围内的客户需求，从最大范围内的供应商中挑选出最佳供应商，通过畅通于客户、企业和供应商之间的信息流，减少诸多中间环节，从而以最快的速度、最低的成本进入市场，及时把握商机，不断提高和巩固企业在竞争中的地位。二是网络会计改变了企业的交易方式。网络经济的兴起，促使没有经营场地、没有物理实体、没有确切办公地点的虚拟企业出现。这些企业只要在互联网的一个节点上租用一定的空间，经过认证，便可在网上接收订单，寻找货源并进行买卖活动。虚拟企业使传统企业模式发生了根本性的变化，同时也深刻地改变了传统的交易方式。

网络经济时代无论是网络还是计算机本身都经历了巨大的变化，网络对企业会计环境的影响也是显而易见的。就广域化环境而言，一方面，国际互联网（Internet）使企业在全世界范围内实现信息交流和信息共享；另一方面，企业内部网（Intranet）技术使企业走出封闭的局域系统，实现企业内部信息对外实时开放，同时使企业内部包括财务部门在内的所有部门实现了资源的优化配置。

（三）网络会计面临的问题与对策

1. 网络会计所面临的问题

（1）信息在网络中传递的真实性和可靠性

在网络环境下，会计仍存在信息失真的风险。虽然无纸化传递可有效避免人为导致的信息失真，但仍不能排除电子凭证和账簿被随意修改而不留痕迹的行为发生，传统会计中依据签章确保凭证有效性和明确经济责任的手段已不复存在。

（2）计算机系统的安全性

一是硬件的安全性。网络会计主要依靠自动数据处理功能，而这种功能又很集中，自然或人为的微小差错和干扰都会造成严重后果。二是网络系统的安全性。网络使企业在寻找潜在贸易伙伴、完成网上交易的同时，也将自己暴露在风险中。这些风险主要来自未经授权的泄密和黑客的恶意攻击。

（3）对会计软件的要求高

互联网上的互访使企业间的彼此了解加深，如何利用其他企业的会计信息进行及时有效的比较分析，得出对本企业有决策价值的信息，进一步实现会计核算层向财务管理和决策层转化，是网络会计对会计软件开发的新要求。同时，随着电子商务的发展和业务的增多，会计信息的处理量将大大增加，如何使会计系统向网络多用户和管理信息系统深化，是网络会计对会计软件运行环境的新要求。

2. 发展网络会计的对策

（1）加快立法工作

国家应制定并实施计算机安全及数据保护方面的法律，从宏观上加强对信息系统的控制。英国政府分别于 1984 年和 1990 年颁布实施了《计算机滥用法》和《数据保护法》，为计算机信息系统的发展提供了良好的社会环境。

（2）技术、管理方面

对于重要的计算机系统应安装电磁屏蔽，以防止电磁辐射和干扰。制定计算机机房管理规定，采取安全保护措施，加强磁介质档案的保存管理，防止信息丢失或泄露。

（3）网络安全方面

①健全内部控制，在操作系统中建立数据保护机构，调用计算机机密文件时应登录户名、日期、使用方式和使用结果，修改文件和数据必须登录备查。同时系统可自动识别有效的终端入口，当有非法用户企图登录或错误口令超限额使用时，系统会锁定终端，冻结此用户标识，记录有关情况，并立即报警。②提高网络系统的安全防范能力。对病毒的预防可采取防火墙技术，将病毒及非法访问者挡在内部网之外。对于会计信息系统可采用数据加密技术，防止会计信息在传输过程中被泄密。

（4）软件开发方面

①提高会计核算软件的通用性和实用性。可对购入的商业化软件进行二次开发，并通过接口和系统集成的办法克服二次开发软件和商品化软件不能共享的缺点。②努力使会计软件的运行环境向更高领域发展。在 Windows 平台上，可采用 VF、PB 等数据库语言，提高会计系统对互联网的适用性。

（5）会计电算化制度方面

①建立会计电算化岗位责任制。岗位责任制是会计电算化工作顺利实施的保证，对会计人员的管理要真正体现“责、权、利相结合”的原则，明确系统内各类人员的职责、权限，并与利益挂钩，切实做到事事有人管、人人有专责、办事有要求、工作有检查。②做好日常操作管理。日常操作管理主要包括计算机系统使用管理和上机操作管理。③做好会计档案管理。要对电算化会计档案做好防磁、防火、防潮和防尘工作，重要会计档案应备份双份。

（四）我国网络会计的发展趋势

网络会计将朝着集成化、多元化和智能化方向发展。网络会计系统将使企业生产经营活动的每个信息采集点都纳入企业网中，大量的数据通过网络从企业各个管理子系统直接采集，并通过公共接口与有关外部系统相连接，绝大部分的业务信息能够实时转化，直接生成会计化信息，从而使会计数据处理走向集成化；然而，网络会计系统可以理解为一个由网络系统、电子计算机系统、个人数据及程序等有机结合的应用系统，它不仅具有核算功能，更有控制和管理功能，因此它离不开与人的相互作用，尤其是预测与辅助决策的功能必须在管理人员的参与下才能完成。所以，网络会计系统不能是一个简单的模拟手工方式的系统，而必须朝着具有人机交互功能系统的方向发展。

网络会计应更好地满足企业加强财务管理的需求。网络会计从财务会计的单纯记录和反映扩展到与解析过去、控制现在和筹划未来有机地结合起来，使为企业经营管理提供科学的决策依据成为可能。企业为保证决策目标的实现，需要制订企业内部的生产经营规划，在执行过程中要加强控制，事后还要组织好核算和分析，检查内部规划执行情况，通过分析、思考、总结来找出生产活动中带有规律性的因素，为下一期预算提供更有保证的依据，这样就需要网络会计系统具备事前有预算、事中有思考、事后有总结的功能，以更好地满足市场经济条件下企业内部财务管理的需要。

六、网络时代财务会计的内部控制

财务会计内部控制，是指为实现战略总目标及其细化的经济效益、会计报表可靠、资产安全、活动合法等具体目标而制定的相关程序和方法。随着时代的发展，财务会计内部控制也面临着新的挑战。

在社会不断进步和发展的过程中出现了各种各样的新鲜事物，这些新鲜事物对于其他传统事物来说，既是机遇也是挑战。财务会计的内部控制作为一个传统事务，在新时代背景下需要进行一系列的改革，这样才能更好地适应时代发展的要求，促进财务会计内部控制的效用得到最大限度的发挥。

（一）网络环境下内部会计控制的新问题和新挑战

1. 会计核算范围扩大

网络时代，会计核算环境发生了很大的变化。第一，会计部门的组成人员结构发生了变化，由原来的财务、会计人员转变为财务、会计人员和计算机操作员、网络系统维护员、网络系统管理员等。第二，会计业务处理范围变大，除完成基本的会计业务，网络会计同时还集成了许多与管理及财务相关的功能。第三，网络会计提供在线办公等服务，从而使会计信息的网上实时处理成为可能。

2. 会计信息储存方式和媒介发生变化

网络会计采用高度电子化的交易方式，对数据的正确性、交易及其轨迹均带来新的变化。电子符号取代了财务数据，信息的载体已由纸介质过渡到磁性介质和光电介质。对这些介质的保存有较高的要求，易受到高温、磁性物质、剧烈振动的影响，其保存的数据资料易于丢失。

3. 企业面临的安全风险加大

在电子商务环境下，电子单据、电子报表、电子合同等无纸介质的使用，无法沿用传统的签字方式，使原始凭证在辨别真伪上存在新的风险。而由于网络环境的开放性和动态性，再加上目前的财务管理缺少与网络经济相适应的法律规范体系和技术保障，黑客的恶意攻击、病毒的感染、计算机硬件的故障、用户的误操作等都会危及网络系统的安全性，给网络会计控制带来很大的困难。

4. 内部稽核和审计难度加大

在网络环境中，财务数据的签字、盖章等传统确认手段不再存在，网络传输和保存中对电子数据的修改、非法拦截、窃取、篡改、转移、伪造、删除、隐匿等可以不留任何痕迹，传统的审计控制制度及组织控制功能的效力弱化，而会计系统设计又主要强调会计核算的要求，对审计工作的需要考虑得很少，导致系统留下的审计线索很少，稽核与审计必须运用更复杂的审核技术。

5. 法律法规建设滞后

网络会计、电子商务的迅猛发展远远超出了现有法律体系的规范，电子交易可能引发的法律争端，如证据、合同的履行以及可靠性问题等，成为企业内部控制不得不关注的又一问题。

6. 对会计人员的素质提出了更高的要求

在计算机技术普及的今天，滥用计算机技术的事件时有发生。所以在网络财务环境下，除了要求财务管理人员必须精通财务知识及网络知识、熟悉计算机网络和网络信息技术、掌握网络财务常见故障的排除方法及相应的维护措施之外，还对会计人员的法律意识以及职业道德等诸多方面的综合素质提出了更高的要求。

（二）网络环境下加强内部会计控制的主要措施

1. 根据网络环境的特点，制定新型的内部控制制度

（1）严格岗位设置，进行有效的职责分离

在网络会计系统中，由于计算机具有自动高效的特点，许多不相容的工作都合并到一起由计算机统一执行，这样很容易形成内部隐患。为了强化系统的内部控制，一个比较有效的方法就是在网络会计系统中分别设置系统设计、系统操作、数据录入、数据审核、系统监控、系统维护等岗位，各个岗位之间相互联系、相互监督、相互牵制。

（2）实行严格的网络会计系统授权制度

系统软件应设置有关操作人员的姓名、操作权限、相应人员的密码和电子签名。对一些需要严格控制操作的环节，设“双口令”，只有“双口令”同时到位才能进行该操作。“双口令”由分管该权限的两个人各自按照规定设置，不得告知他人。对“双口令”进行“并钥”处理后，方可执行相应的操作。同时要按操作权限严格控制系统软件的安装和修改。

2. 加强会计信息系统的安全建设与管理

（1）建立完善的网络会计信息安全预警报告制度

会计主管部门应尽快建立一套完善的网络会计信息安全预警报告制度，依托国家反计算机入侵和防病毒研究中心及各大杀毒软件公司雄厚的实力，及时发布网络会计信息安全问题及计算机病毒疫情，从而切实有效地防范网络会计信息安全事件的发生。

（2）充分利用先进的网络技术，提高信息的安全性

为了解决动态会计信息在传输中被截取等问题，防止非法入侵者窃取会计信息和非授权者越权操作数据。应采用有效的安全密钥技术，将客户端和服务器之间传输的所有数据都进行加密；使用防火墙技术，执行安全管理措施；使内部网和公众访问网（如 Internet）分开，既保护内部网络敏感的数据不被偷窃和破坏，又能实时记录网内外通信的有关状态信息；做好经常性的病毒检测工作，进行杀毒、护理和动态的防范。

（3）加强网络安全意识，切实做好网络会计信息安全防范工作

针对目前企业和财务人员安全意识薄弱、对网络安全重视不够、安全措施不落实的现状，开展多层次、多方位的信息网络安全宣传和培训，并加大网络安全防范措施检查的力度，以真正增强用户的网络安全意识和防范能力。

（4）形成网上公证的由第三方牵制的安全机制

网络环境下原始凭证用数字方式进行存储，应利用网络所特有的实时传输功能和日益丰富的互联网服务项目，实现原始交易凭证的第三方监控（网上公证）。

3. 建立新的内部审计监督机制

在网络经济下，内审部门要对网络会计系统各职能部门的工作进行有效的监督和检查，协调好各级管理部门的关系，使其有效地履行职责，保证网络会计系统的正常运行。内审人员要根据网络经营与网络财会的特点，改进和创新审计程序和方法。

4. 提高会计人员的综合素质

（1）在教育领域应加强复合型人才的培养，促进网络化进程

我国各级各类教育机构要结合经济发展要求，及时调整办学思路，设置科学合理的课程，加大高层次会计人员的培养数量，从数量结构和知识层次方面提高我国会计人员的整体知识素质。

（2）多途径提高会计人员的业务素质

可通过对会计人员在职培训、鼓励会计人员自学、加强会计人员的继续教育工作以及实行岗位轮换制度等措施帮助他们提高素质、积累经验、更新知识，使他们不仅具有较深的会计理论功底和娴熟的会计业务技能，而且能掌握现代网络技术，熟知商务知识和法律法规，能从容应对知识的快速更新和经济活动的网络化、数字化，适应网络会计核算、管理的要求。

七、网络时代财会工作创新的措施

在这个飞速发展的时代，创新的思维是一切革新和发展的基础。会计的变革首先是思维观念和制度的变革。我们必须建立一系列适应网络时代特点和新型财务会计的观念和制度。

（一）网络系统观念

网络系统将是未来社会的基本存在形式，对于会计而言，网络系统观念不但有组织上的意义，而且具有更为深刻的基础性意义。

1. 在网络系统环境下，应重新审视和认识会计，建立网络系统会计观

正如以大机器生产为代表的工业革命使传统的簿记转化为现代会计一样，网络时代的到来，必然使会计再次发生根本性变化，这将是不以人的意志为转移的。变化的方向与特征，则取决于网络系统的特征、未来趋势及现实世界中会计的矛盾。

网络系统是一个便利的信息交流系统，它将在极大地拉近信息提供者与用户时空距离

的同时，极大地增加信息容量，丰富信息的内涵与形式，形成密切多样化的信息交流和使用关系。并且，网络系统下的信息交流是多样化双向交流。会计系统必须按此要求进行改造和重构，以用户的需求为基本出发点，根据用户的需求提供及时、灵活的多样化信息。网上企业、电子商务、网上投资、网上结算、网上报税等网际业务的发展，直接将会计核算及监控的视角拉入一个更广阔的范围，在增加会计业务内容的同时，极大地丰富会计业务的形式，使会计业务发生质的变化。

2. 网络是一种真实的经济存在

多样化、信息化的网上活动必将极大地改变人们的生活，也改变会计的方方面面，诸如会计的环境观念、会计资产的形式和含义、负债的形式、权益的构成及其他种种与会计相关的事务。会计系统既是微观管理的一个重要组成部分，又有重要的宏观管理意义，应该同时纳入微观管理系统和宏观管理系统，并形成微观与宏观的有效连通与衔接，形成一个内外交通的巨大系统。这就要求我们必须将会计的变革纳入整个社会经济体系变革的洪流中，在网络时代社会经济体系的总体再造中，完成重新构建会计观念、理论及方法体系的工作。显然，这是一项庞大的系统工程，单靠会计界自身的力量是无法完成的，必须积极吸纳社会各方面的力量共同参与。

（二）财务报告的变动或修正

现行财务报告是综合反映企业一定时期的财务状况、经营成果及财务状况变动的书面文件，提供财务报告的目的是向会计信息使用者提供会计信息。网络时代，财务报告受到了极大影响，它的许多方面必须做出较大的变革或修正。

传统的报表体系及项目构成是按照工业社会经济的特点来设计的，与今天的现实已经极不适应。企业规模的急剧扩大、业务的复杂化、频繁的并购与重组以及资产构成的巨大变化，使表外项目日益膨胀的会计报表可读性和实际效用日益降低。

网络技术的发展使人们对信息的内容以及及时性有了新的更高的要求。必须将以时期为基础的报表体系改进为以时点为基础，以满足网上实时查询及定期报表的双重需要。为了采用实时基础，必须对现有报表体系结构进行修正。由于资产负债表本身采用时点基础，现金流量表可以看作有时点基础的动态时期报表，因此这个意义上的变革重点将是损益表。

现行财务报告缺少对衍生金融工具的揭示。在网络时代，网上交易的主要对象是金融工具，风险性较大。因此会计信息使用者需要这方面的揭示，以便他们合理地预计风险和未来的现金流量，做出正确的决策。

在网络时代，知识和信息作为一种全新的资本，作为一种关键性的生产要素进入经济发展过程，企业的生存和经济效益的提高越来越依赖于知识和创新，知识资产、人力资产将在企业资产中的地位越来越重要，而现行财务报表对此反映较少。在网络时代，可利用现代计算机技术和网络技术，建立集电子交易、核算处理、信息随机查询于一体的“动态实时报告系统”，实时地满足不同层次的报表使用者对企业会计信息的多元要求。在会计报表中，也应将知识资源和人力资源作为主要资产项目加以重点列示。反映的侧重点应由关心“创造未来有利现金流动的能力”，转向关心“知识资本持有量及其增值的能力”。此外，财务报告还要能反映大量的非货币性信息，如企业员工素质、企业组织结构等。

（三）企业理财思想及模式创新

在企业整合资源的过程中，有很多方法可以进行有效的选择。

1. 企业理财的基本分析原理

在企业整合资源的过程中，通常有两种方式可以让企业进行选择。一是使企业的资产规模获得有效的扩张，兼并与收购其他的企业；二是让企业的资产实现发展式的收缩，让资产实现有效的剥离，通过出售相关的资产与拆分子公司中的股份，从法律意义上将子公司从母公司分离出去。20 世纪 90 年代初开始，全球盛行多元化的思维发展方式，多地分散经营投资存在一定的风险，要占领更多的市场，就要做到东方不亮西方亮。但为数不少的企业高层人员对非本行业的领域缺乏相关的经验，盲目地扩张让企业连原有的经营优势也不复存在，最终拖累到整个集团的运转。为数不少的企业放弃了与本行业联系不甚紧密的不符合企业长期发展的具体目标，通过收缩产业战线，实现主要产品与关联性强的产品的专注投入，最终提升了企业的竞争力。

企业管理效率表明，在一定负协同作用的引导下，通过企业的实际分析可以让企业因为规避盲目扩大而引出的弊端，企业通过子公司与母公司重新定位，在最终确定子公司与母公司同样具有优势的基础上，让企业集中精力对企业生产的项目进行重新定位，最终将精力集中在有优势的产业上，并在比较子公司与母公司共同的基础上增强企业的业务盈利能力。

企业发行的股票是投资者的选择，在企业实现拆分之后，股东拥有了两种重新选择的权利，在对两个企业各自承担债务的过程中，拆分后的企业之间也并不存在连带责任的关系，最终让投资的风险降低，让投资的价格随即提高。企业的拆分增加了市场投资的品种，拆分后的两个企业拥有不同的财务政策与投资机会，在吸引不同偏好投资者的同时获得更好的投资机会。

企业在拆分的过程中会减少债券的资产保证，在债券风险上升的过程中也会相应减少经济价值，让企业的股东因此受到损失。在现实的经济生活中，为数不少的企业债权人都要订立有关股利分配的资产处理，最终尽可能地维护自身利益。

在追求速度的经济发展条件下，规模小却灵活、专业能力强大的公司要比传统的巨型公司更具有发展的潜力与市场竞争的优势。寻求有效经济发展的模式，有助于预期企业的前景。

越来越多的企业家相信，会有越来越多的企业走向拆分的道路，拆分给企业带来的优势与利益决定着企业拆分被众多的民众推崇，应用的前景由此十分广泛。

中国的证券市场在发展之初为了加快发展与扩大证券市场的规模，提高上市公司筹集资金的力度，在政府鼓励企业进行股份制度改革与上市的过程中，将对整个企业改组之后再进行上市，最终将一个公司组合成集团上市。

整体的上市公司虽然在上市之初可以筹集到让其他企业羡慕的资金，但整体上市却阻碍了企业发展的潜力，让上市企业沦陷于不良资产多、企业员工多，最终让企业的负担加重、总资产大、净资产少、负债率相对较高、净资产收益率低、管理水平落后等。

部分上市企业的子公司经营不善，从而直接影响了上市企业的最终业绩，让上市公司最终失去了进一步资本经营的能力。一部分中小型上市企业，在进行资产结构调整的过程中可将产业结构和经营结构进行调整，在全面进行组合的过程中，研发出符合企业发展方向、产业结构参与和经营结构调整目标的优质资产，最终提高上市企业的整体运营能力。对于规模相对较大的上市企业而言，优质资产的扩张有利于提高大型上市企业的整体竞争能力，在原企业消息不好的情况下，让子公司进行资金的募集与筹措大型项目的管理；在原企业效益不是特别好的情况下，企业也可以通过单独上市来募集资金，改造并刺激企业的经营，最终达到企业的资产存量、子企业与母企业的协同发展，这是企业发展的理想状态。

在上市企业已经拥有良好项目的过程中，为保持企业的不断发展与巨额的资金投入，上市企业的净资产率也会让上市企业丧失配股的资格。当上市企业的资本规模达到一定水平时，上市企业要靠基本的融资能力与股本扩张能力实现限制的突破，从而让拆分腾挪出更多的资金空间来。

在实施拆分的过程中，上市企业应该先将子公司拆分出来，再进行子公司的上市，这样进行的资产重组会有效分配利润，最后当条件成熟以后再将子公司拆分出来。

2. 企业拆分的好处

（1）企业的拆分有利于提升企业股票的市场价值

市场并不能够准确地反映上市企业精确的市场价值，尤其是对实行多元化经营的上市企业而言，由于其业务范围涉及的领域较广，潜在的投资者并不能保护股票的市场价值，作为独立于母体的子公司接受客观的业绩评估，是让企业具有市场新价值的有效手段。

（2）企业的拆分可以弥补并购策略失误，最终成为并购策略的组成部分

在全球企业并购的热潮中，企业并购成功的案例不计其数，在企业迅速实现扩张规模

的情况下最终也能将竞争对手转变为战略同盟，但不明智的并购也会导致灾难性的后果。虽然绝大多数的企业在并购其他企业之后有盈利的机会，但实行并购的企业有时也并没有确定并购的行为会不会带来经济效益。实际上，为数不少的企业实施了并购的策略后并没有实现经济的增长。

（3）企业拆分使企业管理层与股东利益紧密结合

对企业管理层的激励是将股东与企业的利益密切保持一致，最终实现股东利益的最大化。在多元化发展的企业中，基于整个企业价值之上的股权或期权激励措施，实际上并不与处于分支机构内的管理人员的决策业绩密切相关。管理层人员弱化是绝大多数企业共同面对的问题，分支机构的管理人员与企业核心管理人员之间存在着严重的信息不对称局面，最终导致经营偏好差异与企业内部配置效率低。

如果将子公司从原有的企业中拆分出来，就可以有效地实现企业的资源配置与拆分法则，在企业整体接受市场化竞争过程中，最终实现资本市场的审视与管理，降低了一部分企业的市场代理成本，也有效地优化了代理的机制。

（4）企业拆分是企业摆脱监管束缚与实现管理创新的重要手段

政府对企业的管制伴随着企业经营活动的全过程，企业追求利润最大化的结构形式必定需要政府的及时监管，企业通过创新来实现政府的放宽监管，是企业发展过程中的有效手段。

（5）企业拆分是企业退出投资的重要通道

上市企业往往控制着市场中的稀缺资源，如此造成了为数不少的中小企业退出了核心业务的竞争，为数不少的企业附加值通常情况下会被降低，由于上市公司在自己的调配中具有一定的流动性，从而在经营上抢得先机。

在企业上市之后，政府要出面进行一定权责之内的市场监管，最终让企业跳出圈钱的初级发展状态，使得林立在市场中的各个大中小企业走可持续发展的道路，提高管理效率，实现繁荣市场与创新层次的提高。

（四）产权模式创新

在信息日益成为商品的网络时代，会计信息能否成为一种商品，主要取决于会计信息的产权能否被有效界定。只要有明确的私有财产权，很多外部性的经济活动就可以通过适当的契约安排达到最优利益效果，而不管这种私有财产属谁所有和做何种分配。因此，会计信息成为商品的前提是产权的明晰，亦即会计信息到底归谁所有。会计信息的本质是企业所有的一项经济资源，产生的主体也是企业，而企业又归股东所有，因此，会计信息天然的产权所有者应该是企业的股东。现行的制度框架中，会计信息的这项经济资源由经营者管理，但其并不明确为谁管理；股东亦不自知其为会计信息的所有者。因此，确认股东为企业的产权所有者，至少会带来下述一些改变：①虽然会计信息是稀缺的，但一直以公共产品的形式供应。如果赋予股东以会计信息的产权，产权所有者就有可能以私人商品的形式供应会计信息。②作为企业资源的所有者，股东可以选择经营者以外的生产会计信息的代理人。③消费者对现行的标准会计信息产品之外的需求将会刺激产权所有者扩大供给，会计信息的供需可在市场中进行，价格与产量由供需决定。

会计信息产权的明晰化，只是其市场化的钥匙，能否打开市场的大门，则取决于这把钥匙的价格是否足够合理。因此，问题现在就变为会计信息的产权界定成本是否足够的低廉。20 世纪 90 年代以前，或许答案仍然是否定的，但自从网络走进我们生活以来，不断的技术革新使得会计信息的产权界定获得了前所未有的技术支持。媒体的网络革命使得会计信息不仅可以在报纸上公布，还可以选择网络传播，设立自己的网址。会计信息可以作为商品出售给网络媒体公司，而不是像现在上市公司还得付钱给证券报刊登其会计信息。

（五）会计信息生产模式和传播模式的创新

传统的会计信息生产和传播模式特点是：①会计信息的生产职能由企业自己执行；②企业掏钱在证券报上刊登传播会计信息。现在的问题是：①会计信息的生产职能能否交给市场来完成？②在其他市场主体（如报业公司、数据公司）利用会计信息营利的同时，其产权所有者股东能不能也获得收益？这两个问题的答案就是，对旧有会计信息的生产模式和传播模式进行市场化变革，变革的具体方法有以下几个方面。

1. 成立专门的会计服务公司，以改变传统的会计信息生产方式

传统的会计信息生产方式的特点是：（1）手工操作。这使得会计信息的供给受到手工劳动的低效限制。（2）非市场化的企业内部职能。这使得会计信息在下列方面受到影响：①缺乏增加信息供给的市场激励；②信息易受内部人员操纵。网络技术革命以前，虽然这种生产方式的缺点一直如是，但其地位并未因此动摇。这主要基于下列两个原因：①能代替手工劳动的工具没有出现；②会计信息的生产职能由市场执行的交易费用远高于自己执行的成本，主要是缺乏经济的通信工具将大量的日常经济事项传送至对方，以及对方一旦泄露商业机密而带来的损失。但是计算机技术的发展使得会计信息的生产者有可能实现非手工化，较为复杂的会计方法的使用亦成为可能；同时网络技术的发展使得企业经济交易的原始数据能异地实行，实时传送成本不再高昂，基于上述两项技术的巨大突破，会计信息的生产方式终于可能冲破上述约束条件，由手工生产变为机械化生产，由作坊式生产走向享受规模经济收益的大生产。

2. 企业与会计服务公司签约

契约内容包括：①会计服务公司替代企业执行会计信息生产职能，企业向会计服务公司支付相应的费用，企业有向后者诚实地提供所有相关信息的义务（双方约定存有例外

的，该例外应同随后的会计信息一并公布）。②企业将会计信息的所有权售予会计服务公司，后者向前者支付相应的价格。

3. 会计服务公司与媒体公司签约

会计服务公司通过协议有偿赋予媒体公司披露会计信息的权利，会计服务公司与会计师事务所对会计信息的质量负责。

4. 任何会计信息的消费者必须付费使用会计信息

网上付费系统（如网上银行）的发展与成熟，使得付费本身的成本下降，凡会计信息的消费者都必须付费使用会计信息。

第三节　现阶段财务会计工作的创新性发展

一、财务会计的发展趋势

（一）财务会计发展的历史必然性

财务会计作为现代企业的基础性工作，它的产生是历史的必然。在历史的不断发展以及世界经济的进步下，财务会计也逐渐地进入了人们的视野，在时代发展的潮流之中显现了它特有的生机和魅力。它的优越性也越来越突出。财务会计是立足于企业，并且面对市场的工作，它向企业外部利益者提供各类有助于进行经济决策的信息。财务会计的目的在于提高企业的经济效益，并能积极参与经营经济的决策管理。

一个企业如果想要取得投资者的信任，就必须向资本市场传递特有的信号，也就是一种能够显示企业优势、异质性，并且具有甄别性的信息。而此时，财务会计作为一个为企业外部利益者提供评价受托责任履行情况及进行各方面的经济决策相关信息的人造系统，在继承和发展的基础之上，从传统会计中分离了出来。

在目前全球经济一体化发展的形势下，经济增长方式发生了较大的变化，传统经济增长方式已经逐渐被知识经济所取代，知识经济在发展质量和发展规模上都发生了非常大的变化。受到经济增长方式转变的影响，现代财务会计理论也与时俱进，在会计理论和会计细则方面进行了较大的改变，使财务会计理论更适应新经济形势的发展，成为新经济增长的重要手段和推动力。为此，我们应根据现代财务会计理论的具体变化，对其发展趋势进行认真分析，保证现代财务会计理论的实用性。

（二）现代财务会计理论的主要内容

1. 会计目标

会计目标的内容主要是明确提供会计信息的原因、会计信息的对象，以及提供哪几类会计信息等问题。会计目标已经成为现代财务会计理论发展的重要依据和出发点。

2. 会计基本前提

现行财务会计的基本前提主要体现在会计主体、持续经营、会计分期、货币计量上，目前会计基本前提的内容和范畴也在逐渐发生变化，朝着更适用于经济增长方式的角度改变，将实效性作为会计基本前提改变的重要原则和发展方向。

3. 会计要素

目前会计要素主要包含财务状况要素和经营成果要素两种。新形势下对会计要素的理解应结合财务会计的具体应用和实际发展。

（三）现代财务会计理论的变化

受到经济增长方式变化的影响，现代财务会计理论也在发生着积极的变化，其变化具体表现在以下几个方面。

1. 在持续经营概念的理解上发生了变化

在财务会计理论中，持续经营概念主要是对企业的经营时间有较为正确的认识，财务会计理论的建立都是以企业能够持续经营为基础制定的。但是受到知识经济发展方式的影响，在知识经济时代，企业的寿命越来越短，企业的经营时间存在较大的不确定性，持续经营概念在理解上发生了一定的变化。在这种情况下，现代财务会计理论也将在持续经营概念上出现新的理解。

2. 在会计分期的概念上发生了变化

会计分期的概念主要是指企业能够对会计信息进行及时利用，并根据会计信息做出及时的决策。但是受到知识经济发展的影响，会计信息的提供渠道越来越多，许多会计信息通过网络的方式在网上实现了共享，会计分期的概念发生了根本的变化，在这一影响下，财务会计理论中的会计分期和会计信息的定义也较传统的会计理论发生了许多变化。为此，我们要对会计分期概念的变化引起足够的重视。

3. 在货币计量的概念上发生了变化

在传统的财务会计理论中，货币计量的概念主要是建立在货币价值恒定的基础上，但是在新知识经济时代，货币的价值随时都会发生变化，货币价值变化成了主流，单纯依靠原来的货币价值恒定的货币计量方式已经无法满足要求。因此，从目前知识经济发展的角度出发，货币计量的概念也在慢慢发生变化。

（四）现代财务会计理论的未来发展趋势

从上述分析可知，受到知识经济的影响，现代财务会计理论在发展中发生着重要变化，原有的一些规则和概念都出现了不同程度的变更，为此，我们应对现代财务会计理论的发展趋势进行深入分析。目前来看，现代财务会计理论的未来发展趋势主要表现在以下几个方面。

1. 会计基本假设得到了持续的创新

受知识经济的影响，原有的会计基本假设面临着严峻的挑战，为了保证会计基本假设取得积极效果，对会计基本假设不断进行创新。通过了解发现，会计分期假设将会对交易期进行变化，将交易期变成报表的报告期。

2. 会计人员知识结构的多元化成了新的发展方向

正是由于会计基本假设朝着持续创新的方向发展，会计人员的素质也必须得到持续提高，以此来满足会计理论知识的发展需要。从目前来看，知识经济的发展使得财务会计理论发生了变化，并且这种变化是持续的。由此也对会计人员的知识结构和专业素质提出了具体的要求，使会计人员的知识结构变得更加多元化。

3. 网络会计将会成为重要的会计发展方式

知识经济除了对会计基本假设和会计人员的知识结构产生变化之外，还对会计工作方式产生了重要影响。随着网络技术的快速发展，网络会计将会成为重要的会计发展方式，不但会改变传统会计的工作方式，还对会计工作规则和会计工作流程产生重要影响，使会计工作将朝着网络化、高效化的方向发展。

（五）未来财务会计发展的趋势

1. 会计核算向电子化发展

所谓会计核算，主要是运用计算机核算系统，以企业经营活动的全过程为主要依据进行会计信息的处理。可以对原始凭证确认输到精确编制会计报表的整个过程进行系统化的完成。计算机系统具有集中性和自动性特点，在进行会计处理的时候不需要任何人工的干预，这样不仅提高了会计信息的工作效率，也提高了会计信息的准确性。并且自电子商务兴起以来，很好地方便了企业和外界的账目往来沟通，不需要再浪费过多的人工进行企业之间的沟通，直接可以通过电子货币的形式表现出企业间的账目往来关系。

2. 会计信息向开放化发展

对各个单位经济活动的披露我们统称为会计信息。伴随互联网会计信息系统的建立，企业的经济活动可以全部纳入企业的信息网中，同时方便企业与外界的系统连接与沟通，还可以方便企业内部机构进行会计资料的调阅和会计数据信息的获取，更好地扩大会计信息的空间，加强数据的开放性，使会计数据的处理呈现出集成化的趋势。

3. 会计人员向高智能发展

会计工作主要负责企业资金管理等问题，最主要的工作就是对资金进行运算，明确资金的去向，加强对企业经济数据的分析，把控企业的经济活动，一定要保证会计信息的真实性和准确性。从会计工作主要的职能不难看出，企业对会计从业人员的要求很多，包括能够严格遵守国家的相关法律法规、熟悉企业的生产流程、加强对软件操作的熟练程度，以及在拥有专业的财务会计、管理会计相关知识的同时还要具有创新精神和创新能力。从社会的发展现状来看，任何企业都需要这种高智能型的复合人才。

4. 会计服务向真诚化发展

会计信息质量保证的媒介是会计服务单位，也是投资者维护权益的合法途径。会计行业的根本生存法则就是真诚守信，在一定程度上对会计师事务所和相关会计服务机构提出了更高的要求，在进行会计服务时要加强真诚建设、营造公正气氛、加强对信息的公开、提升自身的服务意识。

5. 会计管理向多元化发展

会计网络信息系统最基本的功能就是对企业的资金进行科学化的核算、分析、管理和控制，在运用会计网络信息系统的同时，财务管理人员的参与还能够加强网络信息系统的功能性和预测性。会计管理的多元化主要表现在获取会计信息多元化、梳理会计信息多元化、披露会计信息多元化三个方面。这三个方面相互独立又相互联系，可以很好地促进企业财务会计的顺利发展。

二、财务创新与会计发展的融合性

（一）企业财务会计的现状

1. 财务会计信息更新速度慢

我国财务会计信息虽然在不断更新发展，但是仍然不能跟上经济变化的步伐，给企业带来了不利影响。从历史成本计量方法上看，有着一定的局限性，使得会计信息内容无法及时提供。从会计分期假设的定期报告方式来说，其时效性较差，无法顺应新形势的发展以及满足使用者的需要。

2. 财务会计信息缺少可比性

现阶段，我国大部分企业仍然将传统的货币单位计量模式作为唯一的财务会计核算方式，这使得企业财务会计信息严重缺少可比性，造成了各种问题，加之财务会计工作是以货币计量假设为前提的，对于前后期财务信息比较不利。除了纵向比较的缺失，财务会计政策方面的欠缺也使得不同企业间财务信息的横向比较存在一些困难。

3. 财务会计知识掌握不足

随着市场竞争不断激烈，对企业财务会计人员的整体能力素质也提出了更高的要求。我国企业涉及各行各业，然而财务会计报告的模式都是通用的，这就导致财务人员将多元化的会计信息编制成了参差不齐的财务报告。另外，为了顺应计算机网络技术的发展，企业建立了财务信息化管理系统，财务工作人员不仅要具备专业化的知识，还要熟练掌握财务方面的计算机操作。

（二）财务会计的发展趋势

1. 财务会计人员呈现出多元化发展的趋势

随着财务会计人员工作的深化，不仅要掌握专业知识，还要具备较强的逻辑思维能力，了解管理、计算机等方面的知识，拥有预测、分析和决策的基本理论，从而适应新时期的发展要求，实现会计人员知识结构的多元化发展，有效发挥财务会计人员的职责能力，顺应市场经济的发展，使企业真正拥有复合型的财务会计人才。

2. 财务会计工作呈现出创新发展的趋势

创新是企业发展的基石，现代化技术有助于减少收集、加工信息的障碍，企业财务会计工作同样如此。各企业之间的业务往来离不开财务会计工作，经济活动不确定性也有所增加，所以企业要想在激烈的市场竞争中处于不败之地就必须进行财务上的创新，包括财务核算方法和财务分析方法，因此企业财务会计人员必须认真履行职责，认真收集和处理财务信息，编制完整准确的企业财务报告，为使用者提供更为相关的决策依据，帮助企业提高经济效益和管理水平，同时准确地对财务信息进行整理分析，确保企业各项业务的顺利开展。

3. 财务会计手段呈现出信息化和现代化发展的趋势

随着科技在各个行业领域中的应用越来越广泛，企业的各项信息化管理备受重视，也推动了传统财务会计向现代财务会计的发展。现代会计的信息化发展摒弃了传统的手工记账方式，未来也将使用更加现代化和自动化的财务系统。因此，我们必须充分发挥现代化会计手段，重视会计信息化的实现，来完成会计信息的收集和整理工作，保证所提供的会计信息的准确性和真实性，为企业管理决策打下良好基础。为了打造符合时代发展需求的现代化财务会计信息系统，就要坚持完善企业的财务系统，制定规范的财务报告制度的同时将财务会计和现代信息化手段有机结合。另外，在接纳新的会计核算方法的同时，企业还要从大局出发，充分发挥传统财务会计核算方法的作用，完善和健全财务会计核算系统。

4. 财务会计操作流程呈现出简化发展的趋势

财务会计中应用信息技术后，财务会计工作的效率得到了很大提高，能够做到简化财务操作流程的同时保证会计信息的及时准确。财务会计人员必须全面掌握财务信息的内容，记录真实可信的会计信息，快速地处理相关数据，防范错误和舞弊行为，为企业最终决策提供科学有效的服务。

5. 财务会计计量模式呈现出改进发展的趋势

第一，进一步加强企业财务会计报表的附注内容，以便使财务会计信息符合真实准确的要求。目前我国财务报表的附注内容相对缺乏，使得财务信息失去了公信力，需要注意添加必要的内容，也可以通过改变计量属性来披露相关信息。第二，企业应该设立预测、决策和财务管理相关的部门和工作人员。随着企业不断发展壮大，其会计信息使用者迅速增加。一方面，编制财务收益表的工作需要进行改进，由于传统收益表只能反映出企业有利信息的内容，为了完整地反映出企业的收益水平，就要改变传统收益表，避免出现收益不完整的现象。另一方面，财务会计部门要及时提供相关信息，会计核算人员准确地反映企业盈亏后，要按照市场发展趋势进一步制定相应措施。

（三）财务会计创新发展的意义

信息技术的不断创新发展推动了企业经济的增长，在提高企业销售利润的同时，也增加了企业的经营风险，有的企业甚至已经无法掌控财务状况和资产盈利能力，面临巨大的挑战，这种情况下就必须建立完善的财务会计管理体系，无论是在法律法规还是在管理体系方面，都要符合标准化、国际化的会计职能和全球经济一体化发展趋势，通过技术创新，将企业财务会计与国际接轨。财务人员也要全面掌握财务报告、信息状况和财务制度。传统的会计模式信息已无法满足现实需求，要追求多元化的信息输出，因此建立财务会计管理体系已经是我国财务会计发展的重中之重。

财务会计必须创新的原因之一就是现代企业财务会计核算重点已经发生了巨大的变化，尤其是在文化创意产业迅速发展的情况下，无形资产在企业资产总额中所占的比例越来越大，使无形资产成了衡量企业价值的重要标准，改变了传统企业以物质资源为主的局面，也决定了企业的实际价值。因此，财务会计的具体处理方法和处理模式都发生了较大变化，逐渐把重点放到了无形资产核算，在企业财务报表里也为了全面掌握企业整体经营活动而引入了无形资产项目。

（四）财务会计创新发展面临的问题

1. 通过知识等无形资产提高企业的竞争力

在知识经济时代，会计的内容不再只是现金状况，而要通过管理来帮助企业提高核心竞争力。但是企业无法对知识型人才的成本进行量化的衡量，这就给财务会计工作带来了难题，因此企业必须处理好量化的工作才能更好地促进企业发展。

2. 无形资产管理工作存在困难

随着知识创意等无形资产的重要性逐渐显现，无形资产成了影响企业核心竞争力的重要内容，但是现代财务会计还没有对无形资产做细致的规定，无法满足现代知识型企业的发展要求，所以，财务会计工作在无形资产管理方面还存在困难。

3. 法律法规体系不健全

健全的法律体系能够保护企业的发展，也能够为财务信息使用者提供一定的保障。但是目前的法律法规体系无法满足现代企业会计管理的需要，无法让使用者及时掌握报表中反映的企业状况。

4. 财务会计人员能力不足

企业中的财务会计人员大多数为经验丰富的财务工作者，但是同时也意味着他们的年龄较大，在观念上无法接受新的事物和会计核算方法，不能利用现代网络技术开展财务工作，会计信息处理效率不高，综合水平较低。

（五）企业财务会计创新发展的策略

1. 加强会计核算的创新

作为企业在选择人力资产计量方法时必须科学合理。目前的人力资源会计由成本会计和价值会计两部分构成。前者的计量方法包括历史成本法和重置成本法，反映了企业人力资源投资的资本化；后者的计量方法包括经济价值法、内部竞价法和未来工资贴现法，反映了企业对人力资源产出的资本化。人力资源资本化取决于劳动力的市场化发展，计量人力资产使用未来工资贴现法更加适宜，因为通过价格来计量工资可以分期支付。

2. 加强会计法规制度的创新

财务会计的创新包括会计制度的创新，会计制度要向国际化、规范化方向发展，突破传统标准，我国的会计制度必须与国际接轨、与国际体系相融合。

3. 加强会计人员的创新

企业要想方设法创造有利条件，提高财务会计人员的综合能力和素质。例如，组织培训学习、交流和讨论，对机构进行改革，提高财务人员的专业知识水平，提高其计算机操作水平和管理能力，锻炼其实践应用能力等。

随着企业规模不断扩大，创新已经成为其迅速和持续发展的重点，各种科技力量也融入了企业的各个方面，从财务会计工作的角度来说，更加需要与时俱进进行创新，这是决定企业成败的关键。所以，我国企业应该努力创新财务方面的先进技术和方法，推动财务工作上一个新台阶，只有全新的理念创新才能为企业创造更大的价值。

三、财会工作的创新性发展路径

财会工作是一项系统性很强的综合性经济管理工作，为了适应市场经济的发展，财会工作必须创新。

（一）树立财会工作的新观念

1. 认真提高会计工作质量，加强科学管理

会计工作是一项严密细致的管理工作，会计所提供的会计信息，需要经过会计凭证、会计账簿、会计报表等一系列方法及相应的手续和程序，进行记录、计算、分类、汇总、分析、检查等工作。科学地组织会计工作，使会计工作按预先规定的手续和处理程序进行，可以有效地防止差错，提高会计工作的效率，增强会计工作者的科学管理意识。

2. 增强会计工作者的创新意识

会计工作是企业经济管理工作的一部分，它既独立于其他的经济管理工作，又与其他经济管理工作有着密切的联系。会计工作一方面能够促进其他经济管理工作，另一方面需要其他经济管理工作的配合。只有这样，才能充分发挥会计工作的重要作用，从而增强会计工作者的创新意识。

3. 提高会计工作者的协调能力，和谐管理意识

企业内部的经济责任制，离不开会计工作。科学地组织会计工作，可以促使单位内部及有关部门提高资金的使用效率，协调各部门之间的关系，提高单位经济效益，提升经济管理水平，并对经济预测、经济决策、业绩评价等工作提供支持，从而加强单位内部的经济责任制。

（二）必须具有服务的创新精神

1. 要有任劳任怨地为群众服务的精神

对于会计工作和会计工作者来说，受到的质疑与谴责似乎比得到的鲜花与掌声更多。其实瑕不掩瑜，数以千万的会计工作者大多以勤勉与正直来维护职业尊严，而其中又不乏出类拔萃者。会计工作是为群众服务的工作，难免有不被群众所理解的地方。作为会计工作者要宽宏大量，任劳任怨，一心一意为群众服务。

2. 要有爱岗敬业的服务精神

会计工作者应该转变观念，弘扬爱岗敬业精神。服务是无形的也是有情的。发挥会计

服务职能，转变会计人员的思想观念，在核算、监督的同时，做好服务工作。只有会计人员转变观念、增强服务意识，才能更好地弘扬爱岗敬业精神，从自身做起，从本职岗位做起，认真履行自己的职责，为企业的生存和发展而努力工作。

3. 提高会计工作者的个人业务素质，加强自身学习

强化教育，提高会计人员整体素质。增强会计人员的服务意识，关键在平时教育。单位领导、财会部门负责人应该经常组织会计人员学习，提高会计人员的个人素质。只有会计人员的政治素质普遍提高了，每个会计人员才能端正工作态度，增强服务意识，想企业之所想，急职工之所急，认真履行自己的职责，加强会计基础工作，实现规范化管理，提高会计工作质量。

强化培训，提高会计人员业务素质。会计服务职能的发挥，很大程度上依赖于会计人员业务素质的提高。会计人员业务素质高，会计提供的服务质量才可能好；反之，会计人员业务素质低，即使服务态度好，服务质量也好不到哪里去。许多单位会计工作质量不高，不是由于会计人员主观上不努力，而恰恰是业务素质太低，无法为单位、为领导提供高质量的会计服务。因此，必须注意会计人员的业务素质教育，加强会计专业知识和专业技能的培训，提高会计队伍整体素质水平。会计人员自己也应有紧迫感、压力感，明确工作目标，找出自身不足，并通过一定的学习形式，提高自己的业务素质，积极主动地提供服务，在服务过程中锻炼和提高自己。

（三）财会工作是单位企业的好帮手

1. 认真贯彻执行会计法

《中华人民共和国会计法》是我国社会主义市场经济法律体系中的一部重要法律，是规范会计行为的基本法律规范，为有效发挥会计工作在加强经济管理、提高经济效益、维护社会主义市场经济和社会公共利益中的职能作用，提供了强有力的法律保障。会计工作者应继续深入贯彻《中华人民共和国会计法》，求真务实、奋发进取、扎实工作，不断开创会计工作新局面，为完善社会主义市场经济体制、全面建成小康社会和构建和谐社会作出新的更大贡献。

2. 会计工作者是节约型社会的执行者

加快建设节约型社会，是全面建成小康社会的重要保障。我国在全面建成小康社会进程中，经济规模将进一步扩大，工业化不断推进，居民消费结构逐步升级。城市化步伐加快，资源需求持续增加，资源供需矛盾和环境压力将越来越大。解决这些问题的根本出路在于节约资源。加快建设节约型社会，既是当前保持经济平稳较快发展的迫切需要，也是实现全面建设小康社会宏伟目标的重要保障。要做到节约型单位，会计工作者应该身先士

卒，做节约型模范，为单位节约一度电、一滴水，做出努力。

3. 会计工作者是决策信息的提供者，是领导的参谋者

一个单位的兴衰与会计工作有着至关重要的作用，尤其是在市场经济瞬息万变的今天，会计数字的“演变”关系着单位的前途。一个领导的新的决策源于会计工作中“1、2、3、4”的变化。所以会计既是信息的提供者，又是单位领导的参谋者，会计工作者在经济实体中俗称“内当家”。

认真做好会计工作对于贯彻执行国家的方针、政策和法令、制度，维护财经纪律、建立良好的社会经济秩序具有重要的意义。做好会计工作是创新型社会发展的需要，会计工作者要适应市场经济的发展，努力提高自身的理论水平，增强服务意识。

（四）信息时代下财务会计工作创新的途径

1. 信息时代下加强财务会计工作创新管理的必要性

（1）促进信息时代下财务会计核算的开展

随着信息化时代的来临，企业财务会计的工作创新思维变得越来越重要，它已经成为确保企业财务安全的重要保障。技术的发展带来了很多观念上的革新，企业的无形资产已经逐渐占据越来越重要的位置，它们对企业的整体价值起到了至关重要甚至是决定性的作用。当企业对自身的无形资产进行核算时，其处理方式已经相较于传统财务工作发生了明显变化。引入无形资产至企业财务的报表中是当前企业为应对信息化时代财务工作变革而采取的有效措施，因此，创新对于信息时代的财务会计核算具有极其重要的意义。

（2）适应财务会计工作职能标准化和国际化的发展需求

如今经济全球化、一体化，因此有关企业财务的管理体系和制度也应逐渐完善，同国际接轨，而这也需要财务人员不断创新工作方法和工作内容。与此同时，对于财务会计工作人员来说，财务会计的制度以及企业的信用都要结合财务工作的实际情况进行掌握。

2. 财务会计在信息化时代中的管理创新途径

（1）提高思想认识

企业财务工作人员应充分认识到财务创新的重要意义，结合新的市场环境明确财务工作的具体要求。与此同时，企业领导部门应加强制度建设和管理，根据企业本身的具体需求制定相应的策略。为切实提高财务会计人员的思想认识，企业可以组织员工培训、安排权威人士来企业举办讲座，或安排企业会计人员外出参加培训。企业还应定期对员工进行专业考核，奖励成绩优异的财务人员，惩罚考核不过关的财务人员，充分提高财务工作人员对财务工作的思想重视程度。

（2）提高会计信息化质量

财务管理工作应顺应新时代的潮流，实现信息化管理，稳步提升企业财务管理工作的实效性，确保企业财务信息达到准确可靠的要求。企业财务二作者应严格按照财务管理的规章制度进行操作，遵守职业规范和道德规范，做到不损人利己。同时，精确的财务会计信息也能为企业领导的决策提供正确参考，这也符合信息化时代的具体要求。企业领导和财务管理人员都应充分重视信息化时代下新技术在财务工作中的应用，借此构建出一套先进、全面的财务管理系统，强化数据完善，保障财务信息的真实性及有效性。

（3）健全财务会计法律

信息化时代对财务工作的要求产生了较大的改变，因此政府部门应顺应时代发展，健全并完善相关的财务制度，为财务工作的有效开展奠定坚实基础。政府部门应制定相关的法律法规，明确财务会计人员的具体职责及权限，并要求他们严格依照具体的规定和制度履行自己的职责，完成自己的使命，做好每一项财务会计工作。

（4）强化企业的内部监控

在信息化时代下，企业必须通过创新并加强财务内部控制的方式保障资金安全。企业可以建立并完善对内部财务活动的监督机制，随时根据市场信息进一步完善企业的监督制度。关于企业的内部监督机制，其主要内容有监督企业的资金流向及流量，还有各资金使用项目的具体情况，确保企业财务信息具有高可靠性，切实保障企业自身利益。企业通过建立完善内部控制制度的方式，能够非常有效地杜绝财务人员出现以权谋私等各种违法行为，使企业资产不会被侵吞或蚕食。另外，企业在制定具体的监督制度规定时，应明确财务人员的职责划分，实现谁违规、谁负责的制度执行方法，针对性地明确职责职权，建立起行之有效的企业内部监督制度。

第五章　大数据时代财务会计的创新实践

第一节　会计信息化建设

一、大数据时代会计信息系统

（一）大数据与会计信息系统

1. 数据与信息的关系

数据是事实或观察的结果，是对客观事物的逻辑归纳，是用于表示客观事物未经加工的原始素材。信息是一种被加工而形成的特定的数据。形成信息的数据对接收者来说具有确定的意义，它对接收者当前和未来的活动产生影响并具有实际的价值，即对决策和行为有现实或潜在的价值。首先，并不是所有数据都对信息进行表示，事实上，信息属于消化了的数据；其次，信息能对现实概念进行更为直接的反映，而数据是其具体体现，因此，信息并不会因为对自身进行载荷的物理设备改变而改变，而数据却不一样，数据存在于计算机化的信息系统中，密切关联于计算机系统；再次，通过对数据进行提炼、加工，我们能够得到信息，信息属于有用数据，能够为人们的正确决策提供帮助；最后，对于决策而言，信息有着很大的价值。一定量的数据包含一定量的信息，但并不是数据量越大信息量就越大。

2. 大数据时代的信息特征

（1）大数据时代数据信息具备数据容量大、来源广的特征

对 10TB 以上的数据量进行分析工作才能够称为“大数据分析”，并且如此庞大的数据量需要通过信息化技术的快速发展应用来获得。信息化技术的发展促进了各种现代化仪器的应用，人们可以利用这些仪器获取更多的信息数据，并通过现代通信工具克服时空限制，将信息数据进行大范围的交流传播。另外，由于近年来集成电路的普及，现代仪器趋近智能化，人们通过人工智能仪器可以将网络上各个途径的数据信息进行收集，逐步构建大数据信息库，为相关单位提供大数据支持。

（2）大数据时代数据信息具备种类多、价值高的特征

传统的数据种类是以直接数据为主，属于结构化数据，类型单一，但是大数据时代的数据信息逐步拓展到音频、图片、文档等多类型非直接数据，数据种类明显增加。另外，非直接数据信息没有因为加工处理产生折损，所以一般也具备较高的价值量。

（3）大数据时代数据信息具备个性化、多样化的特征

人们在大数据时代逐渐意识到数据分析给企业发展带来的巨大优势，于是结合各种先进的信息技术对大数据进行深度挖掘，获取自己想要的、符合个性化要求的信息。获取信息的方式逐渐普及，不同行业也对信息的多样化提出了新的要求。

3. 大数据时代会计信息系统的风险

（1）会计信息系统的风险

在开展会计工作时，企业会对很多大数据技术进行应用，不仅能对整理、采集信息的速度予以提升，更能对企业整体办公效率进行提高。但是，站在另一视角来看，由于计算机控制着企业会计信息系统，一旦计算机出现故障，必然会直接影响会计信息，甚至导致数据丢失。这种情况会使得会计信息系统出现瘫痪状态。会计信息系统呈现的分布状态为网状，所以在大部分情况下，唯有得到远程软件的支持，会计工作才能顺利进行。如果某个环节出现故障，整个系统都会受到影响，导致会计工作无法正常进行。当前，我国会计信息化中最大的风险和问题就在于此。此外，假如系统出现漏洞，黑客就有可能利用该漏洞攻击会计信息系统，导致企业财务信息的泄露。

（2）会计信息数据的风险

信息化发展至今，所展现的典型特点之一就是在会计信息化中应用大数据技术，能够轻松地对形成的电子数据进行修改，同时不会造成痕迹的遗留。此外，将大数据技术应用于会计工作中，一方面能将科学共享的信息化平台建立起来，另一方面能对企业会计信息化的成本进行降低、对会计信息化效率予以提升。但是，需要注意的是，在此过程中，由于电子数据被储存于硬盘中，很容易在使用时对磁性介质进行覆盖，且这种覆盖是难以得到还原的，这也会妨碍会计工作。因此，在使用会计信息系统时，企业内部员工要慎之又慎地修改数据，要认识到每个数据都可能对企业造成难以弥补的损失。如果会计人员不慎删除了企业和其他企业合作的财务数据，就很难找回，一旦企业和其他企业在合作中出现矛盾、纠纷，就会缺乏有力的辩驳证据，将处于劣势地位。

（3）行业竞争的风险

置身于大数据背景下，将云计算、物联网等方式进行结合，能够提高其使用率、普及率，将更多的便利带到人们的工作与生活中。但是，大数据技术在得到普及与应用时，也将新的压力带给企业，让行业之间、企业之间有着越发激烈的竞争。在这种情况下，部分

企业会利用一些不正当手段获取与其他企业相关的会计信息，甚至雇用专门的黑客对其他企业的会计网络进行攻击。通过利用专门技术，黑客能够对与其他企业相关的会计数据进行修改、对企业的数据库进行破坏，使得该企业的会计系统处于瘫痪状态，导致企业承受巨大损失。上述不正当的竞争手段会严重扰乱我国经济市场的秩序。

（4）网络病毒的风险

随着会计信息化向前迈步发展，网络病毒也在悄无声息地发展变化。对于信息而言，无时无刻不在承受着网络病毒的威胁。网络病毒不仅能够借助磁性介质进行传播，还能够通过网络进行传播，且传播速度极快。会计信息系统只要被网络病毒非法攻击，就很有可能出现瘫痪，更可能向公众传播，公开企业的财务系统，这将会严重影响企业发展。此外，在计算机中，有的病毒非常隐蔽，只有满足特定情境，才会开始传播。所以，长期以来，企业会计工作都具有一定风险，不知何时就会遭受病毒攻击。

（5）信息平台安全风险

步入信息化大数据时代，企业信息安全直接影响企业财务的工作质量，甚至对企业的综合发展也产生影响。一个企业的命运，很大程度上取决于是否能对自身商业机密进行保护。企业会计信息就是一项至关重要的机密，极大地影响着企业的生存与发展。尽管在当今企业发展中，会计信息化是无可避免的发展趋势，然而通常来说，不会有企业愿意主动将自身的会计信息发布在共享平台上。如果企业在共享平台上发布会计信息，很可能会被不法分子以及竞争对手窃取机密文件，严重影响企业的生存与发展。因此，我们亟须通过相关法律法规以及标准化制度对会计信息共享平台进行管理，防止泄露会计信息。

4. 大数据时代会计信息系统的构建对策

（1）完善会计信息系统功能

置身于大数据背景中，想要在企业财务管理中充分发挥会计信息系统的重要作用，企业应当对会计信息系统的功能模块优先考虑。在实践中，企业需要以云计算为基础，以大数据技术为前提，立足自身的实际情况，将会计信息系统建立起来并进行完善，保证会计信息系统能够行之有效地起到作用。通常而言，大数据技术的特点为信息处理速度快、数量大，而云计算技术的特点为具有灵活性、高适应性，通过对二者进行利用，能够对企业以及各个合作者的需求进行更好的满足。此外，在对会计信息系统进行完善的同时，企业也要对市场准入制度以及行业标准进行积极了解，从而及时发现，并及时解决自身存在的问题。

（2）针对会计信息系统做好防范工作，保障数据信息安全

我们都知道，置身于大数据背景中，各种先进技术（如网络技术、计算机技术）应用越发广泛，如果我们想要发挥会计信息系统的作用，就必须得到上述先进技术的支持。然

而，如前所述，立足另一视角，由于计算机网络具有开放性，因而存在一定的风险，易受病毒攻击、黑客侵袭，在这种情况下，会计信息系统中的数据信息所遭受的安全威胁是巨大的。所以，当企业将会计信息系统建立起来后，为了保障数据信息安全，使之能真正发挥作用与价值，就应当针对会计信息系统做好安全防范工作。例如，将防火墙建立起来、对具有相关专业知识的人才进行引进、对数据安全进行全方位保护等。

(3) 进一步强化会计信息化人才建设工作

各项工作的顺利开展，最重要、最关键的还是在于“人才”。置身于大数据背景中，想要进一步推动会计信息化事业发展，就要强化人才建设工作。然而，如今，既精通计算机技术又精通会计知识的复合型人才处于紧缺状态，所以，我们亟须对复合型会计信息化人才进行培养。我国可以着眼于教育领域，对会计教育改革进行推进，在会计专业的相关课程中合理融入会计信息化理念，从而将更为完善的会计信息化教育环境构建起来，将更多优秀的复合型会计信息化精英输送给社会。除此之外，企业也应当对会计人员进行在职培训，并进一步强化培训力度。通过开展讲座、实践训练、会计继续教育培训等方式，对会计人员的专业基础知识不断强化，使他们不断提升专业技能，向着会计信息化人才迈进，最终在会计信息化事业发展中注入强大动力。

（二）构建会计信息系统路径的保障措施

1. 信息技术应用标准

信息技术应用标准主要是为了规范信息技术在会计领域中应用的各个事项，如管理事项、工作事项、技术事项等。例如，企业中的会计信息生产者在工作时需要将企业会计准则作为其工作的基本准则，并在此基础上结合自身的会计专业知识及工作经验处理企业的各项财务信息，并生成财务报告。企业内部审计人员，即会计信息的审计者按照企业会计准则标准，对企业的各项会计数据、财务报表等内容展开审计。会计信息的使用者在结合数据分析标准的前提下，应对大量的会计信息数据进行整合、分析、统计，为企业管理层的决策提供相应的依据。由此可见，企业信息技术应用标准的构建，在一定程度上可以实现企业会计信息的整合、利用，这对企业的经营、管理都有十分重要的作用和意义。

2. 会计信息资源标准

会计信息资源标准的适用范围是会计信息资源本身。随着会计信息化的深入开展，会计信息的地位越来越重要，其资源化属性也日益明显，企业会计信息资源的利用能力在一定程度上反映了该企业的会计工作水平，同时也在一定程度上影响企业的经营效益。从某种意义上讲，构建会计信息资源标准的主要目的是完善企业会计信息处理流程，同时提升企业会计信息资源的利用价值。一般情况下，按照会计信息的状态可以划分为三个阶段：第一，初始状态。会计数据最初产生在企业各个部门的经济活动中，通过会计信息系统实现企业会计原始数据的收集。通常情况下，企业各部门经济活动中产生的各种原始数据会掺杂诸多无效数据，这些无效数据不仅没有利用价值，还会在无形中增加企业会计数据处理负担。第二，中间状态。该阶段主要是对企业原始会计数据进行加工处理，去除那些无效、数据来源不明的会计数据，从而提升会计数据的利用价值。第三，终极状态。企业会计工作人员利用自身的会计专业知识、工作经验，按照会计信息资源标准对筛选出来的会计数据进行分类整理，并生成相应的数据报告，为企业管理者提供准确的财务数据，这样可以提升企业会计信息资源的利用价值。

3. 会计信息安全标准

会计信息安全标准主要是为了规范企业会计信息安全的有关工作事项的标准，如基础事项、技术事项以及管理事项。会计信息化发展是一把“双刃剑”，在让会计数据成为一种重要资源的同时，在开放网络的环境下，企业的会计数据也面临泄露、丢失的风险。因此，为了保障企业会计信息数据的完整性和安全性，务必构建会计信息安全标准。具体来讲，会计信息安全标准包含物理安全标准、网络和系统安全标准、数据安全标准等。物理安全标准主要针对的是会计信息系统中的各个软件、硬件的运行环境，如硬件更换标准、硬件和软件日常维护标准。此外，还要定期检查会计信息系统中的硬件设施，并更换那些存在安全隐患的硬件设备。网络和系统安全标准主要针对的是会计信息系统中的防火墙技术、入侵检测技术以及漏洞扫描技术等。数据安全标准主要针对的是会计信息的存储和传输环节，通常情况下，常用的保护措施有加密、数据备份、数字签名等。此外，还可以通过使用用户权限的认证方法确保数据存储和传输的安全。会计信息安全标准的构建可以最大限度地提升企业会计信息的安全性，为企业会计信息资源价值的发挥创造良好的内部环境。

4. 会计信息化产业标准

会计信息化产业主要指的是与会计信息化相关的部门，还包含市场上与会计信息化相互关系的集合。会计信息化产业业务所涉及的领域较多，如会计信息生成业务、交换业务、审计业务，与此同时，它还涉及会计信息系统的开发业务以及会计信息系统后续的软件评审业务等。按照标准内容的不同，我们可以将会计信息化产业标准分为两种类型：第一，会计信息化业务资格标准。这个标准主要是为了判定一个企业是否具有开展会计信息化业务的条件、资质。具体来讲，其判定标准有人力、物力、管理等方面的条件。其中，人力条件主要包含了企业会计从业者的会计专业知识水平、工作经验以及信息技术应用水平等多个方面。第二，会计信息化业务质量控制标准。该标准主要是为了构建会计信息化质量控制制度。将会计信息化业务质量控制制度应用在企业会计工作之中，可以实现企业会计信息化的动态管理，从而真实地反映企业的业务水平，这对提升企业的会计信息质量也有积极意义。此外，在会计信息化产业标准的作用下，企业会计信息化发展进程将会加快。

5. 会计信息化人才标准

会计信息化人才标准的主要目的是规范会计信息化相关人才的工作和管理的标准。从会计工作人员的职业生涯发展来看，我们可以将会计信息化人才的培养方式分为四种，而每一种培养方式之下设置一套与之相适应的会计信息化人才标准。第一，培养性开发方式。目前有很多会计人才培养性开发主体，如高等院校、培训机构等。同时培训内容也受培训对象的影响，如果培训对象是会计专业的学生，那么其培训内容不仅包含会计基础知识理论，同时也会涉及一些会计信息化技能；如果培训对象是会计从业者，那么其培训内容主要是以会计信息化技能为主。第二，政策性开发方式。这种方式主要是以行政管理部门、行业组织为主体，并在参照会计行业职业道德标准的基础上对会计从业人员进行职业道德培养，在提升从业会计人员职业道德的基础上，使他们更加胜任会计岗位。与此同时，还会对会计从业人员进行职业道德的评审，不断完善会计职业资格管理。第三，使用性开发方式。此种方式主要是以用人单位为开发主体。具体来讲，用人单位结合企业会计岗位标准，对现有从业人员进行实用性开发，如岗前培训、入职定期培训等，以此不断提升企业会计人员的综合素质水平，提升其岗位胜任力。第四，提高性开发方式。这种人才开发培养方式主要是以高等院校和社会培训机构为主体，它们为会计从业者提供继续学习、深造的机会，并通过专业的培训方式来提升会计从业人员的会计专业水平和会计信息技术水平，使会计从业人员获得更高的职业资格证书。

（三）有效提高会计信息系统应用效果的策略

1. 全面完善企业内部的会计信息控制系统

构建企业内部风险控制机制，对于一个企业而言十分重要，它是企业稳定发展的有力保障。市场经济环境是一个持续变化的环境，因此企业应结合市场整体变化情况，对企业会计信息控制系统进行完善。当市场环境发生变动时，市场竞争也会随之发生变化，如果此时企业还在沿用之前的发展体系，那么企业的发展方向很难与市场发展方向相适应。为此为了保障企业会计信息系统与企业发展变动的同步，需要深入完善企业信息控制系统。从发展的角度来看，完善企业内部会计信息系统控制机制之前，需要站在客观的角度深入分析企业外部的经济环境以及限制企业发展的内部因素，与此同时，将行业内部的发展情况、经济市场变动情况以及社会整体经济环境的变化结合起来展开深入思考。

另外，企业也应从客观角度分析自身在发展中的优势与劣势，并在此基础上系统地、深入地调整企业会计信息系统，从而建立起完善的风险控制基础。具体来讲，企业在会计信息系统控制岗位人员招聘方面，不仅要关注应聘人员的专业能力和核心素养，还要对其入职后的日常工作情况进行深入的考核，并做出全面的评价。在确保企业工作人员基本素养过硬的前提下，全面评价工作人员与企业会计信息系统控制岗位的匹配度，然后结合评价结果灵活调整会计工作人员的工作岗位，从而提高企业会计部门的工作效率。

除此之外，在结合会计具体工作岗位职责的基础上，企业还应对会计工作人员进行职位测试。对于企业而言，不仅要最大限度避免会计信息系统自身的风险，还要保证会计工作人员有较强的风险应对能力。在会计工作人员职位测试的基础上，对会计人员展开风险教育，使他们逐渐树立良好的风险控制意识，并自觉参与、组成会计风险管理体系，从而提升会计信息系统所提供的信息的准确性，当企业面临会计风险时可以做到应对自如，降低或避免风险危害，进而保障企业的社会经济效益。从专业性角度来看，会计信息系统的运行对工作人员的专业素质要求非常高，为此企业可以适当地介入监察管理人员，抑或与第三方机构合作，提升企业对会计信息系统控制机制的监测。

2. 增强企业会计信息系统的网络安全管理力度

想要使会计信息系统更上一个台阶，提升其工作效率和质量，就需要加大网络安全管理力度。同时想要完善会计信息系统，则需要加大对企业内部网络信息安全的管理力度。

第一，企业管理人员的网络安全管理意识十分重要，只有他们意识到其重要性，才可以有效地加大会计信息系统的网络安全管理力度。在提升企业管理人员网络安全管理意识的前提下，引导他们主动学习网络信息安全理念、网络信息安全知识等。此外，企业管理人员应积极开展会计信息系统网络信息安全分析工作，积极分析其中存在的安全隐患，同时聘请专业人员设计预警机制。在具体的系统优化过程中，企业需要加大对网络安全管理机制的优化力度，从而控制在会计信息系统运行中出现的网络风险问题。具体来讲，主要通过以下途径实现：首先，当登录会计信息系统时，会计信息系统会自动地识别用户输入的验证码和指令。其次，会计信息系统通过用户实名信息对用户身份进行认证。最后，会计信息系统会自动分析并审核用户账号信息的安全性。当对这三项安全内容验证之后，会计信息系统会对最后的质量执行结果进行分析，并对用户的身份使用权限进行判断。

第二，在大数据时代背景下，大部分的计算机软件存在运行数据多、更新周期短的特点，所以想要保障会计信息系统的稳定运行，需要定期对会计信息系统进行更新，并及时处理检测中发现的问题，避免会计信息的泄露。同时为了提升网络安全管理机制水平，还需要及时更新会计信息系统，使之一直保持最新的状态，这在一定程度上也可以降低会计信息泄露的风险。总之，只有及时更新会计信息系统、优化相应的网络访问机制，才能形成比较安全的验证机制，确保会计信息的安全性、完整性。

第三，在优化会计信息系统时需要坚持全面的原则，不仅要优化运行系统，也要优化系统的内部配置、网络配置，实现全方位提升企业会计信息安全程度。在对企业会计信息系统进行优化前，会计工作人员需要对数据中心的原始数据进行备份，防止在会计信息系统更新过程中发生会计信息数据丢失。具体来讲，企业可以按照重要程度的标准将数据进行分类存储，并对企业会计信息数据进行逐层加密和严格审核。此外，加强对信息备份机制的优化，逐渐提升其安全性能，为企业的健康稳定发展保驾护航。

二、大数据时代会计信息服务平台的构建

（一）会计信息服务平台的构建

会计信息服务平台是会计人员利用计算机技术、信息技术完成业务事项交易、确认、计量、存储与报告工作，并用于企业决策。会计信息服务平台主要包括会计业务管理系统、会计信息资源管理系统、会计决策支持系统以及其他辅助系统。

1. 会计业务管理系统

会计业务管理系统主要承担传输、储存、处理、收集会计信息等任务，从而对企业的经营现状进行反映，同时进行有力控制、全面监督。会计业务管理系统旨在对会计信息处理效率进行提升，促使相关会计工作人员对烦琐复杂的会计信息进行高效处理。所以，会计业务管理系统对信息加工处理技术、信息组织技术非常注重。相较于传统会计信息系统，会计业务管理系统能够更加具体、全面地对主体经营活动进行反映。随着信息化时代的全面到来，就当前企业发展需求来看，已难被二维会计信息所满足。所以，会计业务管理系统要对“人”的信息进行全面引入，更加凸显信息资源。会计业务管理系统要对现代化技术（如网络通信技术、多媒体视频点播技术、计算机网络技术）进行充分利用，将企业的会计信息仓库建立起来，实时传输各种烦琐复杂的会计信息。

2. 会计信息资源管理系统

会计信息资源管理系统主要对企业的各种信息内容进行管理，通过对各种类别的数据资源进行高效整合，对企业外部决策效率予以提高，对企业内部控制管理予以强化。在加工处理多种信息之后，会计业务管理系统会向会计信息资源管理系统进行传送。当然，会计信息资源管理系统的内部信息更多来自企业供应链，而非仅仅来源于会计业务管理系统。除此之外，站在企业发展角度看，不仅经济活动中产生的信息是有价值的，国际、社会、文化、政治、科技等多方向的信息内容同样是有价值的。所以，会计信息资源管理系统有着广泛的信息来源，这样，当企业进行决策管理时，不仅能对财务信息进行参考，也能对多种多样的非财务信息进行参考。同时，不仅能对企业自身的内部信息进行高效管理，也能通过对外界评价的信息进行综合，将前瞻性的、全面的决策建议提供给企业，从而帮助企业实现更大价值的创收。

如今，在企业中应用最多的信息化工具当属 ERP。同时，ERP 也是企业信息资源管理

系统中最为典型的一个。企业会计信息资源管理系统要对ERP系统进行积极利用，帮助工作人员完成严谨推理、科学判断、全面分析等内容，从而为经济结构的优化、企业产业的增值提供更为有效的信息。

3. 会计决策支持系统

会计决策支持系统采用人机交互模式，凭借人工智能技术将各种数据信息提供给管理者，辅助他们进行决策。会计决策支持系统主要由数据库、模型库、方法库三个方面构成，旨在对会计信息仓库中半结构化、非结构化的决策问题进行解决。数据库信息由会计业务管理系统与会计信息资源管理系统提供，从而将有效的会计数据信息提供给决策者。模型库主要对类似于筹资模型、预测模型等管理模型进行保存。方法库和成本计算、量本利分析等计算方法十分相似。会计决策支持系统的理论基础主要为控制论、管理科学、运筹学、行为科学等，主要手段为人工智能技术，借助来自会计信息资源管理系统的众多信息，对决策者进行辅助，使他们能做出更高质量的决策。会计决策支持系统，需要密切跟随国际发展共享，对先进技术进行引进，将更适合企业发展的模型创设出来，将更为合理、科学的决策建议提供给企业，促进企业发展。

（二）大数据时代会计信息服务平台的构建

1. 做好数据中心规划

在会计信息服务平台的构建实践中，我们需要做好数据中心规划。

当各单位的财务管理系统实现统一建设后，应当将智能财务信息平台在数据中心建立起来，通过对数据库进行利用，得到数据资源存储与采集能力，并对云计算、大数据等算法进行利用，智能化挖掘数据信息，为实现平台各项管理功能提供强有力的技术支撑。

对云平台进行搭建，要将IaaS（基础架构即服务）布置在系统底层，对各种软件资源、硬件资源进行集中，让计算能力、存储能力得到提升；要将PaaS（平台即服务）布置在中间层，对软件开发、数据安全管理、数据分析等服务进行提供；要在最顶层对SaaS（软件即服务）进行利用，对云会计加以构建，提供软件、硬件应用模式，借助互联网、分布式计算等支撑，实现在线会计集中核算。

通过用户终端，各单位能够进入数据中心的智能财务信息平台，在该平台上传原始凭证等内容，并通过智能财务信息平台对有关数据信息进行获取。经过总部财务人员审批后，能够完成各单位信息流、资金流的深度分析，进行预算管理、资金管理，保障严格执行预算计划、经费开支标准等内容。

2. 做好平台数据分析

对会计信息服务平台进行搭建，需要系统分析、处理所收集的各类数据，确保高效开展会计信息服务工作；要能依照会计科目完成数据分类，对数据分析模型进行建立；要能凭借设置算法、指令规则，完成数据整理、数据分析，同时通过对报警阈值的设置强化监督管理。在实际核算的过程中，由于不同企业有着不同的业务，因而需要从业务架构、特点以及关注的关键指标出发，对模型进行设定。我们可以首先设定日常科目的核心常量，如固定费用、系数；其次对应用场景、历史数据进行分析，获得固定公式；最后对假定条件进行设置，将公式修订完成。要将各类模型，如业绩预测模型、费用模型等建立起来，对多种分析方法，如关联分析、变动分析、结构分析等进行采用，从而确保能够智能、集成地分析和处理会计信息数据，对会计信息数据中的异常进行捕捉，科学预测数据变化规律。结合预算、设定费用等各项阈值，我们能够将超标报警及时发出，将财务职能从核算方向推向决策方向。

3. 做好数据集中部署

按照会计信息服务平台建设思路，应集中对信息系统和服务平台进行部署，依靠集成化建设，对统一信息系统技术标准进行构建。通过在系统内达成集成规范的固化，系统间能够进行互联互通，各业务系统和各层级能够实现深度集成，更有力地支持数据融合与共享。立足平台架构角度，它含有硬件与软件两部分内容。硬件包括信息安全设施、网络传输设施、数据存储及处理设施、云计算平台，可被用于完成数据存储、数据处理、数据传输、数据采集等操作。软件则对模块化设计方式进行采用，有多种子系统，能够形成多维数据结构。软件包含两个部分：其一为项目管理系统、物资采购系统、资产管理系统、生产经营系统等业务子系统；其二为会计财务研判、分析、预测、核算等财务子系统。

（三）大数据时代基于云会计信息服务平台的构建

1. 大数据时代云会计信息服务平台构建的必要性

当前，我国综合实力持续提升，信息化社会大步发展，在企业会计工作中对大数据技术进行应用，能够有效地对企业核心竞争力进行提升。但是有很多因素会影响企业的发展历程，如消费者的评价、市场占有率等，假如不思创新，始终延续传统工作方式，那么企业需要投入大量的人力、物力资源以完成收集信息工作，这也会导致会计工作难度的增加。然而，在会计工作中对大数据技术进行应用，有利于企业对大量有效信息进行收集，使企业的业绩水平得到真正提高，同时还能让企业的综合实力在激烈的行业竞争中得到提升。在社会经济飞速发展的浪潮中，大部分企业不断扩大发展规模，内部员工数量也越来越多，此时，市场需求也对企业进行冲击，要求其业务规模不断扩大。相较于传统的发展形式，新的发展形式为企业带来更多的信息与事务的同时，也要求企业具有更高的运行效率。基于此，我们必须将大数据技术应用于企业会计工作中，从而让信息收集更加精准、高效，降低资金使用成本，让企业的成本结构逐渐变得科学化，也使得企业的运行效率不断提高。

传统的会计核算要想与IT技术快速发展的时代相适应，就必须实现信息化。将大数据思维注入会计工作中，能够推动企业应用各种管理系统，建立会计的财务数据管理系统并进一步完善，同时有效控制企业风险，对企业的财务风险进行精准识别，对企业的会计信息化水平进行提升。一方面，应用大数据、云计算等新兴技术，能够方便企业对信息进行实时的采纳与收集，保障信息计算、处理更加快速、规范，继而有效改进企业的各项经营管理要素，对企业的市场竞争力进行提升，防止浪费人力与物力。在有效利用各种信息资源的基础上，企业的会计信息化水平也随之提升。另一方面，构建云会计信息服务平台有利于对会计信息化系统进行完善。置身于互联网大数据时代，企业有着越来越大的数据规模，对于企业管理来说，很重要的一部分任务就是存储、分析数据。通过云计算的发展，企业数据信息的存储空间得以扩大，也有了更加完善的技术分析。通过运用这些技术，企业能够更加高效、准确地处理库存、销售、采购、利润、费用、成本等各方面的数据，实现更为精细的会计分析，充分发挥会计的优势，将准确无误的信息提供给企业管理者，帮助他们做出更为正确的决策。

2. 大数据时代云会计信息服务平台的构建策略

（1）要对大数据共享平台的使用层级进行完善，对权责明确的管理体系进行搭建

第一，要保障企业财务决策人员拥有最高管理权限，能够对会计全流程的数据信息（如入账、拨款、核销信息等）进行审批，还能够对下级会计人员的权限进行管理与限定。第二，要对基层会计人员在自身负责环节的实名管理权限进行保障，同时对其他环节的浏览权限予以设置。第三，部分业务部门存在与会计部门共享信息的需求，可以将只读权限设置给相关人员，使他们能够对企业的发展动向进行把握，对企业的财务状况有所了解，及时对企业相关会计信息进行获取。之所以只为上述相关人员设置只读权限，而未让他们具有修改权限，主要是防止他们为了获取自身的业绩利益，对会计信息擅自进行修改，从而更好地保障会计信息的质量。除此之外，无论哪一级使用者，只要开通了大数据会计信息一体化共享平台使用权限，我们就要进行账号设置，落实一人一号，防止出现权责不清、推诿扯皮的现象。

（2）应当对会计信息一体化建设中的监管层级体系进行完善

从技术层面来看，依托大数据共享平台的会计信息一体化系统专业性更强，同时，由于平台中与资本有关的会计信息紧密关系着企业的生存命脉，因而应当进一步提升管理的严谨度。在建设平台的过程中，可以通过时间管理、流程管理进一步完善监督管理层级。针对流程管理，企业应对权责明确的流程清单进行设置，结合市场动态、会计准则，对流转体系进行搭建，确保职权平行的独立使用者分散地享有各项会计信息的录入、复核、签批、报核权限，对会计信息在企业内部的公开工作予以保障，实现权责相互监管、制衡的

效果。针对时间管理，企业可以对会计信息公开报告定期归档整理，主动向企业员工披露会计信息，从而实现全民监管。

三、大数据时代会计信息化的运行

（一）引入先进技术，规避系统风险

人工智能技术、云计算技术、大数据技术在信息化时代背景下，前赴后继、推陈出新，凭借先进的技术防范潜在风险，在现阶段已成为一种主流的潮流趋势。以往的会计业务不仅面临数据信息核算量烦琐、记录工作量巨大等问题，还面临容易遭人为篡改、数据透明度有限、信息处理封闭及集中等问题，为妥善处理上述问题，一种公开、透明、去中心化，能够借助更多环节让更多人共同参与，并尽可能减少人为干预风险的技术由此产生，这便是区块链技术。区块链技术也被称为分布式账本技术，最初仅是作为比特币的基础技术而产生，安全性是这一技术最为明显的优势，因区块链技术以分布式存储作为主要结构，安全系数伴随数据存储节点的增加而不断提升。此外，区块链技术所具备的可追溯、去中心化特点，决定了此项技术的使用者仅能依据既定规则修改数据，无法由于小群体、个体的私利执行违规操作。对于企业会计管理人员而言，利用区块链技术防范信息化风险的一项主要技术优势体现在：会计人员能够随时随地掌握、了解企业内部的管理运营状况，能够对网络记录状态、监控交易实施情况进行实时监测。因记录无法撤销，加之能够对财务报告实时审核，能够有效避免人工处理模式下存在的结构风险，还能够尽可能避免人为恶意篡改数据信息。

（二）加强网络安全防范，规避网络病毒风险

在企业会计信息化发展过程中，为规避网络病毒风险，需加大网络安全防范力度，主要可从以下几个方面实施：第一，为充分体现会计信息化安全系统的完备性，须构建相应的网络防火墙，增强会计信息系统的安全性，尽可能地避免会计信息化资料丢失、遗漏甚至损毁。在会计信息系统中安装防火墙除保护资料不被遗失、不受损坏外，还能全面监控数据保存情况，为企业管理人员快速了解企业资料是否完善、是否安全提供便利条件，也能在出现问题的第一时间采取相应的保护措施。基于上述条件才能切实提高网络安全防范力度。第二，企业推进会计信息化发展的一项重要途径就是会计信息服务平台的搭建，一旦此项系统面临安全隐患，势必影响企业会计工作实施的安全性、稳定性，所以为尽可能地避免企业会计信息系统产生风险问题，则需不断优化会计信息服务系统，加大系统建设力度，引入新型技术，创新并升级系统。若企业实力允许，还可在会计信息服务系统安全建设中投入充足的资金用于系统的研发及现有系统的维护。同时，还应以实际发展情况为依据设计契合企业财务管理需求的会计信息服务系统。在信息系统管理与维护的过程中，

还应邀请经验丰富、专业能力强的工作人员负责这项工作，以此保障企业的数据安全。

（三）健全安全管理制度，规避资产保护风险

信息安全管理制度的完善，主要是指在企业内部推行信息系统维护专项制度，安排专人专门负责系统的运行、开发、维护，尽可能避免信息泄露事件的发生，还应加大安保监控力度，以免企业会计信息数据被恶意盗取。同时，岗位财务管理、岗位工作也应由专人专门负责，禁止无关人员接触现金往来业务，从源头杜绝挪用公款现象发生。企业内部统一联网禁止浏览恶意网站或使用娱乐软件。

与此同时，还应从计算机技术视角出发，健全安全防护体系。针对企业计算机重要磁盘应安置还原盘，并专门设计保护代码，抵御病毒入侵。以携程旅行网为例，该公司的会计信息系统数据维护，仅在获得财务领导审批后才能交由专员操作，每日对信息系统中所生成的数据做好异地备份、数据库备份，以免产生信息丢失、信息遗漏的风险。除此之外，系统主机应在不断电的情况下独立运转，进出机房时需获得审批，并在系统管理员的陪同下才能进入，以保障机房安全。携程旅行网还专门设立风险控制委员会，接受董事会的监督、指导，这是企业内部决策、评价、审查企业风险性金融业务操作的最高权力机构。企业还开设贷审会，即指在相应权力范围内审批不同客户的资产分类，并做好客户的信用评估，贷审会遵循审贷分离、授权管理的原则推行集体决策方式，由记名签字表达贷审会审议，每位委员均具有一票表决权，最终决策只有在获得 2/3 及以上成员的同意后方可生效，对于贷审会同意的每一条意见都应做好保存、记录并纳入档案。财务部门依据种类、时间、贷款额度等批阅并查询，遵循自身的权限与权力审批贷款、审查贷款。此外，企业还应专门开设风险管理部、金融市场部，并推行岗位责任制，促使企业内部各个部门能够互相制约，并形成合理的分工。金融市场部在获得客户授信业务申请后，可调查客户贷前情况，承担清收不力责任。由企业风险管理部门制定管理制度、信贷政策并全程管控风险，设计独立的信贷审查机制，承担审批、审查责任。

（四）完善法律体系，规避法律风险

截至目前，我国在虚拟网络方面的法律依据、制度规范仍存在一定的缺失，这对企业推进会计信息化无疑是不利的。因此，需加快相关法律体系的健全脚步。

首先，应从国家层面出发，国家应立足整体视角，做好整体规划，立足立法层面，完善网络信息安全法律体系，以此，也可为大数据时代背景下的市场经济安全运行提供法律依据，特别是要关注虚拟数据安全方面的立法体系，通过健全立法的方式，保障企业数据信息安全。从国家层面来讲，还应摸底调查国内云会计市场，并以此为基础，尽快推出并制定云会计标准，再以云会计市场的变化为依据，不断修订所推出的云会计标准，逐步构建基于会计产业的规范。除此之外，国家还应尽快颁布《信息安全法》《信息安全条例》，

以此对云会计市场加以规范，健全我国信息安全法律体系，从整体视角推进我国云会计市场的规范。与此同时，还应针对云会计服务运营商资质提出严格要求，适当提高行业门槛，筛选诚信高、技术强的云会计服务供应商，通过优质服务供应商的筛选，在保障数据库安全性、稳定性的同时，营造良好的云会计竞争市场，并可以在一定程度上保障企业会计信息安全。除此之外，还应构建第三方监管机构，定期审查具有运营资质的云会计服务供应商，当在审查过程中发现问题时，应督促云会计服务供应商及时整改，针对存在违规行为的服务供应商应即刻取消服务资质。与此同时，第三方监管机构还应加大后续的教育力度，将云技术风险向云会计服务供应商普及，以此保证云会计数据的安全。

其次，政府作为宏观调控的主体，在这一过程中需重视自身宏观调控作用的充分发挥，在法律存在一定缺失的前提下，应通过推行地方性法规制度的方式加强网络信息安全建设，为企业数据信息安全提供保障，还可对企业会计信息化所提出的发展需求充分满足。同时，政府应充分了解企业现阶段所面临的风险问题，结合所存在的风险问题建立监管机构，对企业业务开展现象进行全面的监督，一旦发现企业违法、违规操作应及时制止，以此对会计信息的完善性、安全性加以保障。针对企业管理不到位的问题，在相关法律法规中应增加风险评估、安全检测等方面的内容，或可针对违规行为制定相应的惩罚条款。

最后，对于法律体系所存在的缺口，企业需加强自我防范。以携程旅行网为例，企业内部开始着重于自我防范工作的加强，健全会计信息化体系，加大内部治理制度，深化风险防范意识，尽可能避免信息泄露事件的发生。与此同时，携程旅行网内部还应健全企业信息安全管理制度，将会计信息数据安全的保障放置在首要地位，让企业的每位企业财务相关人员签订保密协议，通过加大制度约束的方式深化相关人员的数据安全意识，保障企业财务数据安全。

四、大数据时代会计信息化体系的构建

一个企业只有拥有了比较完整的会计工作体系，才能更好地促进该企业的发展，才能对该企业的各种财务活动以及经济活动进行准确的把控。因此，会计工作体系对于一个企业的发展来说是不可或缺的，企业在管理过程中一定要增强会计管理工作，提高会计工作的质量和效率，促进企业的长远可持续发展。

企业在进行会计信息化体系构建过程中所面临的难题仍然非常多，但是如果一个企业故步自封，那么就很难跟上现阶段社会发展的步伐，将面临被市场淘汰的风险。因此，企业要针对这些难题提出具体的解决措施，同时，我国政府等相关单位要不断地采取各种优惠政策，加快企业会计信息化体系的构建。

（一）提高领导的重视程度

在会计信息化体系构建过程中，领导的重视对于构建速度以及构建的力度来说是非常重要的，只有引起领导的重视，才能根据企业发展的现状制定具体的构建策略。所以，在这个过程中，一定要不断地转变领导的思维，让企业的管理层充分意识到会计信息化体系构建对于企业未来发展的优势，只有获得了领导的支持，才能在会计信息化体系构建过程中获得有力的资金和人力、物力支持，才能充分地保证企业会计信息化体系构建的质量。

（二）建立科学安全的防护系统

在大数据时代，信息安全问题越来越严重，因此，在企业构建会计信息化体系的过程中，要重点考虑安全问题对构建企业会计信息化体系的影响，在构建过程中网络信息安全员要对企业存放数据的数据库进行防护墙设计，对企业的各种数据资料以及档案的查阅权限，要进行比较严格的管理，在一定程度上可以降低黑客和病毒的攻击，保障企业的信息安全。

（三）加强对会计信息化技术人才的培养

在企业进行会计信息化体系构建过程中，专业人才的培养工作也是非常重要的，只有专业的人才才能运用专业的会计信息化体系，为企业的未来发展制定更好的发展战略，为企业的各种经营活动提供更加完善的信息，增加企业的经济效益。同时，企业还要加强各个方面的创新工作，实现服务工作创新管理制度，只有将这些创新机制与人才管理机制、会计信息化管理体制充分结合起来，才会更有利于企业的发展。

第二节 会计电算化

会计电算化是会计发展史上的一次重大变革。与手工会计处理方式相比，会计电算化以信息系统为依托，借助计算机与网络技术对会计数据进行自动处理，代替由人工完成的会计工作，使会计工作效率大大提高。对于企业的业务发展和财务工作来说是一次极大创新，对于推进社会经济发展具有重要的意义。会计电算化通过人机对接方式将经济业务活动与会计处理方式进行有序衔接，传统会计工作模式下的记账、算账及报告生成等诸多原有手工完成的环节，由计算机系统替代，会计信息质量更高，对企业做好经济管理与决策提供了极大帮助，有利于企业管理水平的进一步提高，进而推动企业经营活动稳健发展。

一、会计电算化概述

（一）会计电算化的概念

会计电算化又称为计算机会计，是以计算机为平台实现会计业务处理的一个综合性的会计信息系统。它以会计软件为支撑，以计算机操作替代传统的手工记账，在计算机设备上完成会计业务处理的一系列操作过程。

（二）会计电算化的组成要素

会计电算化是“人”与“机”充分对接的一个综合性管理系统，它的组成要素涉及多个方面，主要涉及人与机两个要素。这里的“人”是指从事系统操作与管理的各类人员，包括企业主要管理者、会计操作人员、会计主管及会计机构负责人等，他们构成了会计工作的主体。这里的“机”包括两个部分：一部分是指计算机网络等硬件资源，它们是承载会计软件资源的载体；另一部分则是指会计软件系统，包括保护软件系统安全的相关工具，它们以特殊的软件形式存在，并在会计电算化操作中发挥作用。硬件配置要与软件功能相符，相关会计系统操作人员要熟悉会计软件操作流程，并根据授权原则规范操作，才能保证会计系统有效发挥作用。因此，会计电算化的组成要素涉及会计操作主体、硬件系统与软件系统，以及会计电算化操作流程等几个关键组成部分，它们在会计电算化中起着不同的作用。

（三）会计电算化的主要特点

会计电算化集计算机与信息技术、管理学与会计学于一体，属于一门跨学科的应用类科学技术，随着这一门学科在经济管理及会计实践中的应用，推动了经济管理现代化的发展。会计电算化的出现，改变了会计工作环境，代替了手工会计操作，具有如下特点：一是智能化。会计电算化的功能十分强大，智能水平极高，电算化能够智能处理系列会计业务工作，算账过程由会计系统完成。二是精准化。与人工方式相比，会计电算化处理更精准，计算失误率大大降低，会计失误主要由会计人员判断、操作失误引起所致。三是系统化。会计电算化系统将会计处理工作划分成多个模块，有记账、审核、过账及报告生成等几个部分，每个环节操作流程清晰，必须依次进行，执行严格的操作标准。企业通过系统设计各个标准模块，生成企业所需的基本信息，与人工操作相比更为系统、会计处理更加规范。

二、会计电算化的重要性

将现代信息技术与网络计算机系统相结合，在会计实践中加以应用，给会计业务处理带来极大变革，推动了会计行业快速发展，对社会经济发展也起到了促进作用，社会经济效益得到了快速增长。因此，会计电算化的出现对推进社会经济快速发展具有重要意义。

（一）会计电算化对会计信息质量有着更大保障

会计电算化设置了许多模块，通过专业化的会计软件可以保障会计核算更加精准，除非人为作假导致核算结果有误。在会计电算化模式下，核算工作由系统完成，系统之间有着诸多衔接对应关系，可以通过系统自检完成会计数据的核对工作，能够及时验证会计信息是否对应，使会计信息的精准度更高，在正常情况下，对会计信息质量有着充分保障。

（二）会计电算化使会计工作更加规范

与手工操作相比，会计电算化在业务处理上更加规范，会计操作中的每一个流程必须依次进行，凭证输入、审核、复核，以及记账、结转等有着严格规定，必须遵守系统程序进行规范化操作，否则，会计系统将不予支持。从操作流程角度看，会计电算化比人工操作更规范，更符合会计处理原则。同时，在计算机操作过程中，不遵守操作规程将难以进入下一步流程，从而规避了人工因素的操作风险，在操作上也有记录显示，能够及时发现违规操作原因，从而做好操作风险防范。

（三）会计电算化使会计工作效率大大提高

在人工处理模式下，面对诸多的核算量，会计人员精力有限，通过算盘计算效率难以提升，人工进行数据处理发生差错的概率极高。为了做好对账工作，会计人员往往需要花费很多时间，查对多个账簿记录，会计工作效率很低，而且核对过程极其烦琐，花费很大精力。然而，在计算机系统参与下，会计人员通过系统检测、设置对应关系，通过自检或开启自动复盘，及时调取相关数据，能够快速地完成数据检测工作，会计人员的工作效率大大提高。

三、会计电算化对财务会计工作产生的影响

（一）会计电算化对会计工作发挥的促进作用

1. 有效降低会计工作成本

一方面，企业在会计工作中充分应用会计电算化，可以促进人力成本投入的有效降低。因为会计电算化的有效应用，有赖于电子计算机这个核心硬件设备，计算机系统可以便捷高效地处理原来很多依赖会计工作人员才可以开展的计算以及数据信息核查检验等工作内容。因此，对于企业自身的发展来讲，会计电算化的应用普及使得企业对于会计工作人员的数量需求也会逐渐有所下降。另一方面，企业利用会计电算化，可以降低会计工作资金方面的成本投入。企业全面运用会计电算化，有助于企业内部对于会计信息的有效使用，可以帮助信息使用者有效降低使用成本，并可以快速获取所需要的信息数据。

2. 简化账务处理的流程

在企业会计工作开展过程中，合理运用会计电算化，有助于促进财务工作处理过程更加的连贯，提升其连续性。在财务处理过程中，会计电算化的有效运用能够充分突出其连续性和系统性，在会计电算化应用系统中，能够针对财务处理过程的各项中间环节以及资料等进行自动化、高效率的分析和处理，而且会计电算化的应用能够促进企业特殊财务处理工作流程进一步实现合理简化。在财务工作中，有一些工作相对比较烦琐、复杂，运用

会计电算化系统能够帮助企业更加及时便捷地处理各项数据信息。例如，在进行会计记账时，通常会遇到出错等情况，必须及时进行修改纠正，在传统会计工作方法中，需要人工进行修改更正，这个过程就会比较复杂。然而在会计电算化系统的普及应用下，面对这类问题，会计工作人员仅仅需要利用系统输入“错账更正”即可快捷高效地对错误账目进行修改和更正。这与传统的会计更正方式相比，流程更高效简化、效率也逐步提高。此外，会计电算化与会计记账业务的有效融合，尤其是在生成具体财务账簿的过程中，系统可以直接进行数据读取以及对比分析，记账工作效率更高，与传统会计记账不同，这种方式更加高效便捷，也非常清晰明了。

3. 提升了企业风险评估的准确性

因为外部社会经济发展环境有其复杂性，同时受企业实际发展现状的影响，目前，我国很多企业在会计工作开展过程中都会遇到一些潜在风险，这些风险会导致传统会计信息披露出现一些问题，或者会计工作人员自身徇私舞弊等。随着社会网络信息技术的进一步迅猛发展和普及，传统会计面临的风险挑战在增加，企业财务数据泄露问题时有发生，所以，企业也会进一步严格要求会计工作组织实施的标准。会计电算化的全面普及和应用，有效促进了传统会计风险评估工作的开展，提升其精准性和全面性，基于现代信息技术的发展基础，企业在处理会计工作中的潜在风险时，能够及时作出高效全面的整合以及系统化分析，这样企业的会计工作人员以及管理人员也能够结合具体分析结果，为企业的发展决策提供科学可靠的参考依据。不仅如此，会计电算化的引入还能够帮助企业内部财务审计工作进一步高效落实。会计审计属于财务工作的重要内容，会计电算化的广泛普及和应用，使得传统会计设计工作也发生了变化，工作效率和工作质量都得到了普遍改善和提升，特别是针对审计技术而言有很大的积极影响。传统审计会利用抽查、顺查或者逆查等方式，但具体实施都需要人工。而在会计电算化应用的情况下，工作人员利用计算机系统可以快速整理输出会计信息，并利用系统做出完整的审核，之后对审核报告结果予以打印，不但有效提升了企业内部财务审计审核的精准度，同时也保障了审核工作的高效性。

4. 财务档案的储存形态发生改变

在企业会计工作中应用会计电算化，还有一个主要目标就是为财务档案的存储、提取以及记录提供便捷。根据财务档案管理的流程，财务档案存储介质与会计电算化中的数据存储进行有效融合，能够有效保障企业财务档案数据应用的高效性，同时也使得财务档案管理边界进一步延伸。利用会计电算化对财务档案资料进行电子化管理，能够帮助财务档案信息管理更加高效，能够促进财务档案管理系统平台的高效建设与发展。在企业财务档案管理工作中，会计电算化可以让财务档案数据信息的提取和管理覆盖面有效扩大，还可以结合各个渠道的相关数据特征与规律促进财务数据之间的关联性呈现。会计电算化的合理运用，体现出硬件水平提升对企业财务档案管理工作的形态带来的影响，也有效简化了传统财务档案数据记录管理的复杂流程，促进了管理媒介的升级，推动了财务档案管理制度的建设与健全，保障财务数据更加完整。

（二）企业财务管理中应用会计电算化的意义

会计电算化指的是借助电子计算机技术实现智能运算的会计模式，具有运算速度快、准确率高、存储性能佳等优点，可以实现数据信息的存储与输出，与人工会计方式相比更为快捷和精准，是目前我国企事业单位使用的财务管理模式。

会计电算化可以自动处理电子数据，不仅能提高会计的工作质量和工作效率，还能提高财务管理水平。会计电算化管理模式是企业未来财务管理的重要发展模式，由于我们对会计电算化的很多方面了解得不够透彻，目前在企业中还没有得到普及和应用。在未来发展中，企业应当加大对会计电算化的研究力度，掌握多方面的信息，实现会计电算化的高效应用，促进企业财务管理水平的持续提升。

在企业财务管理中，会计电算化有着较为明显的应用优势。首先，应用会计电算化有助于企业会计处理方式的创新。随着企业规模的扩大，财务工作人员需要处理的数据信息越来越多。一些企业沿用传统财务核算方式，主要依赖人工记账，并且在财务核算、财务报表编制中仅仅依靠一人之力是难以完成的，需要多个人员的有效配合，整个核算流程比较复杂。但是在财务管理中应用会计电算化，能够有效简化会计核算流程，一些基础性的工作可以借助电算化系统完成，而且会计审核、信息查询等工作实现了一体化和流程化，大幅度减少了财务工作人员的工作量，有效提升了财务管理工作水平。其次，应用会计电算化有助于企业内部控制制度的创新。在传统财务管理采用的人工核算方式下，内部控制管理也比较单一。应用会计电算化能够借助信息化系统加强内部财务控制，促使企业财务管理实现程序化，从而科学预警财务风险，加强对财务风险的防控。再次，会计电算化能够促进财务管理的精细化，提高企业财务数据的处理效率，用程序代码替代会计科目，有效提升财务报表的准确性，促使会计工作流程更加简化，有效降低财务工作人员的核算压力，促使企业财务人员向管理会计转型。会计电算化的应用还能够促使财务人员明确自身的权责，规范他们的工作行为，当出现不规范操作时，信息系统会立即提示或者警告，从整体上保障了财务管理的安全性。最后，应用会计电算化有助于企业数据利用效率的提高。在企业财务管理过程中，需要进行会计信息审核与会计报表编制，财务工作人员需要分析和计算海量的财务数据，其必须具备较高的专业能力，才能全面掌握各种数据信息、灵活采用运算关系、制作出企业所需的财务报表。应用会计电算化，可以借助其配套软件，充分发挥运算优势，综合运用相关数据信息，实现数据分析和管理的自动化，显著提高财务数据的综合利用率，为企业编制出不同维度的报表数据，更好地满足企业的实际需要。

四、网络环境下会计电算化发展的新趋势

随着社会经济的快速发展，特别是网络信息技术的快速推进，对会计电算化工作造成了极大影响，会计电算化发展出现了一些新趋势。

（一）电子商务快速发展给会计电算化工作带来了极大挑战

随着电子商务网站快速发展，以淘宝、京东为代表的电子商务模式对会计电算化发展造成了很大影响。电子商务的出现，给会计核算与管理带来了新的变化，会计结算与处理流程也随之发生了很大改变，会计电算化要适应电子商务环境下的新趋势，做好会计对接工作，这给会计电算化带来了极大挑战。在电子商务模式下，虚拟货币、虚拟交易及电子支付等的出现，需要与会计电算化工作无缝对接，从而推动会计电算化业务进一步发展，更好地满足企业管理与经济形势发展的需要。

（二）云计算技术的应用给会计电算化工作带来了极大的发展机遇

在手工记账模式下，账、表、据、证等通过传统的会计数据储存方式进行，这些数据资料看得见、摸得着，收支平衡关系一清二楚。而在以云计算为背景的大数据技术支撑下，会计电算化的信息并非储存在特定的计算机或服务器上，而是储存在云服务器上，这为会计电算化工作带来了极佳的发展机遇。然而，由于网络是一个开放的平台，会计数据的安全性难以得到保障；对于企业部分管理人员来说，会计信息查找也不方便。企业要处理好云计算环境下会计数据安全与会计信息便利查询之间的关系，必须构建完善的会计数据运用体系，对会计资源进行综合利用，促进会计管理工作质量提升。

（三）高科技飞速发展对会计电算化提出了更高要求

如今，高科技应用范围不断扩大，会计电算化功能更加强大，会计管理系统需要不断升级，会计模块功能更加完善，与传统手工记账相比，会计电算化业务能力明显增强、功能更多，不仅能进行会计业务处理，而且在数据分析、测算及管理水平方面进一步增强，为企业管理决策提供了极大便利。然而，这需要企业具有一支较高素质的会计专业团队，对高科技在会计电算化中的应用能够熟练掌握，以会计电算化为契机，对企业资源进行优化组合，增强企业的整体实力。因此，需要会计团队素质更高，不断加强企业管理，提高服务质量。

五、会计电算化的未来发展策略探讨

（一）转变观念，提高认识

在网络信息技术快速发展的背景下，企业管理层必须认识到会计电算化对企业发展的

意义，为此，企业管理层应进一步转变管理观念，认识到会计电算化工作的重要性。企业管理者不仅要重视生产和销售，还要关注会计管理工作，运用会计电算化促进会计工作质量提升，借助会计管理系统实现降本增效的目标。会计电算化不仅是一个核算工具，还是一个会计管理手段，如果运用得当，有助于企业会计工作质量与企业管理水平的提升。因此，企业管理层要重视对会计电算化方面的投入，做好硬件配置，选择好适用的会计软件，为会计电算化有序推进提供保障。

（二）加强制度建设，规范会计电算化处理流程

要确保会计电算化工作深入推进，企业必须重视相关制度建设，构建完善的制度管理体系。一方面，要对传统手工记账模式下的会计制度进一步进行梳理，结合会计电算化工作的要求，进行不断完善，使之与会计电算化运行模式相适应；另一方面，要做好会计电算化业务流程设计，根据企业经济业务发生情况，对会计流程进行设计，对会计人员的操作权限、流程分工、岗位职能进行重新界定，科学划分职责权限，保证会计处理规范化。在制度设计中，要对违规操作加以处罚，防止权限滥用，造成操作风险。

（三）做好人员培训，统一操作模式

在会计电算化运行过程中，会计操作人员的作用十分特殊，在人机系统中，操作人员是一个关键因素，会计操作人员的业务水平与操作动机决定着会计工作质量，直接影响会计电算化的运行效率。因此，在会计电算化推进过程中，应将操作培训列入工作重点，对相关会计人员进行系统化培训，统一会计业务操作模式，规范操作口径。要根据业务变化的需要，对不同的会计人员进行经常性培训，促进会计人员操作技术水平不断提高。要通过操作培训、理论学习、职业道德教育等方式，帮助会计人员提高综合能力。同时，要做好会计人员业务操作之间的衔接，保证每步操作有据可依，规范行事。确保数据录入无差错，数据备份常态化。对于严守操作规程、业务素质强的会计人员加大奖励力度，在内部建立激励机制，激发会计人员遵守会计原则、热心会计工作，取得会计管理成效。此外，企业还要做好会计高端人才引进工作，组建一支素质过硬、业务过硬的会计管理团队，在会计电算化工作中发挥重要作用。

（四）加强会计基础管理，确保会计数据安全

与人工会计模式不同，会计电算化在会计数据储存上有着独特之处，诸多会计信息储存在计算机或数据服务器上，有的还储存在云服务器上，因此，会计信息储存与管理的难度加大。为此，会计人员要做好会计电算化模式下的会计基础工作，确保会计数据的安全性。一方面，会计人员要设定好密码保护，遵守会计操作原则，严格执行操作规程。当操作人员长时间离机时，要将程序安全退出，防范操作风险隐患。另一方面，要做好数据备份工作，设置自动备份，防止操作过程中数据丢失风险。对于重要数据，除电子储存外，

还要及时打印出来，通过纸质形态进行保管，便于内部查询，为内部非操作人员提供管理上的便利条件，促进会计信息得到最佳利用，使企业管理效率不断提高。

第三节　财务机器人

一、财务机器人的概念

财务机器人指的是一种能够将企业发生的各种财务、业务信息数据化，通过梳理数据之间的关系，执行基于一定规则既定指令下的重复性操作。在处理模式、处理流程、处理效应上均基于流程自动化技术（robotic process automation，RPA）的应用程序。该应用程序可以在脱离人工操作的情况下，实现实时化、跨平台、多窗口的自动化操作，这也被称为财务机器人的第一阶段。通过将 RPA 技术与其他人工智能技术结合使用，还可以为它赋予图像识别、数据处理、报告分析、思维推理等能力，这些智能认知能力的开发也被称为财务机器人的第二阶段。目前，财务机器人已经迈入了第三阶段，能够将 RPA 技术与 AI（人工智能）技术深度融合，全方位实现财务、业务与数字经济的联动，打造智能化、数字化、效率化的财务应用平台。目前较为成熟的 RPA 产品有 UiPath、Blue Prism、Automation Anywhere，以及华为的 Ant Robot 等。

二、财务机器人的主要功能

财务机器人能实现财务流程的数字化、智能化，提高财会部门人力资源配置的合理性和有效性，实现财务人员和工作内容的优化配置。财务机器人通过模拟人工操作，并结合企业的管理需求，可以实现多种功能的组合、多种财务流程节点的自动化。财务机器人的主要功能可以概括为以下几个方面。

（一）数据获取与记录

财务机器人最基本的功能是数据获取与记录。财务机器人开发人员通过对传统模式下财务人员的工作内容进行分析，设置计算机程序规则对人工操作进行模拟，可以实现财务机器人对数据的检索、迁移和输入。

（二）OCR 图像识别与处理

光学字符识别（optical character recognition，OCR）与处理功能是指财务机器人以 OCR 技术为基础对图像进行识别，从图像中获取有用字段信息并输出为结构化数据，实现进一步的数据传递、审查与分析，并将之整理成对流程应用、管理、决策有用的信息，解决财会人员手工输入的问题，提高信息处理效率。

（三）数据流接收与输出

数据流接收与输出的主要内容是在系统后台进行数据流的上传与下载。按照预先设计的路径，财务机器人登录内部、外部系统平台上传与下载数据，完成数据流的自动接收与输出。

（四）数据整理与分析

财务机器人可以高效管理基于检索、下载的数据信息，可以对数据进行检查、筛选、计算、整理及基于明确规则的校验和分析。

（五）信息监控与产出

信息监控与产出是指财务机器人通过对人类行为的模拟，自动履行财会工作流程的一系列功能，包括分配工作流、生成标准报告、做决策、信息自动化通知等。

三、财务机器人适用的业务特点

以往，财务会计工作进程的推进通过财务人员人工操作或信息系统自动化操作的方式实现。在人工操作场景下，工作效率低、错误率高、人员占用多，而对信息系统自动化操作来说，一旦出现跨系统的数据流转需求，相关人员就需要在多个异构系统间进行系统改造和应用程序编程接口（Application Programming Interface，API）开发。系统改造和 API 开发往往投资成本高、部署周期长、对需求响应慢。然而，使用财务机器人不但能够以自动化的方式提高财务工作效率和质量，而且其开发周期短、投资成本低，能够大大加快需求响应速度。财务机器人的出现是对人工操作场景和 API 的财务应用场景的有效补充。概括来讲，财务机器人适用于量大易错、简单重复的业务工作，能够保持 7 天×24 小时不间断工作。财务机器人能够实现异构系统的贯通，而且不改变原有信息系统架构。财务机器人模拟人类的操作，通过用户界面与系统交互，将流程设计为任务自动化执行，非常适合多个异构系统间的数据流转。财务机器人可以登录多个系统自动进行数据的采集、迁移等操作，不需要对数据交互需求涉及的多个异构系统进行改造和 API 开发，不用改变企业原有的信息系统架构。

（一）简单重复操作

在财务会计工作流程中，有些基础工作需要人工机械、重复地进行操作，这一类简单重复操作的业务环节通常具有流程固定、有明确的规则、重复度高、附加值低等特点。将财务机器人应用在这些工作中，可以使企业降低人力成本、提高工作效率、减少人为错误、提高财务处理质量和准确性。

（二）量大易错的基础工作

在计算、核对、整合、验证数据的过程中，由于其工作量大，企业需要投入较多的人力资源，导致企业人力成本较高。企业如果应用财务机器人，就可以实现自动化批量处理数据，这样可以大大提高处理的效率。例如，输入及核对跨系统数据、登记发票等，这一类具有量大、易错特点的工作业务，非常适合应用财务机器人。

（三）全天候不间断提供服务

在传统人工模式下，员工工作时间有限，有效工作时间基本为 5 天×8 小时。但是，当企业财务工作量大时，财务人员正常的工作时间难以满足企业的需求。例如，企业业务量庞大时，大量积压的银行回单和记账凭证待匹配、进项发票待查验，财务人员根本应付不过来。在工作量异常增多时，财务人员就会不堪重负。而财务机器人则不同，它可以高效率、不间断地工作，并且可以弥补人力疲劳导致工作效率低的缺点，适用于企业全天候不间断 7 天×24 小时提供服务的业务。

四、财务机器人应用的前提条件及价值概述

（一）背景介绍

随着科学技术的不断发展与进步，互联网与传统产业、实体经济的结合不断深入，在大数据、“互联网+”、云计算的推动下，各行各业开始研究智能化的运营模式，机器人流程自动化为财务共享服务的发展带来了契机。财务共享服务背景下各类业务场景呈现的特点为：一是业务场景复杂、审核要点较多，导致单笔处理时间较长；二是基于会计人员职业判断不同，核算标准难以标准化，导致信息质量有待提升；三是财务共享中心专业人员的业务支持职能还需加强。

（二）前提条件

在企业财务活动中，财务机器人的适用性较高，但也需明确相关应用前提条件。其一，需具备规范标准的流程；其二，需做好数字化、结构化的数据准备工作；其三，需确保操作环境的稳定性；其四，需确保技术人员储备充足、技术达标等。

（三）应用价值

在社会经济快速发展的大背景下，企业财务活动越来越频繁，涉及的财务活动内容及类型也呈现出了多样化的特点。如果在此背景下，仍采取传统财务软件和人力作业模式，则会使企业财务活动作业的成本增加，且难以保证财务活动工作的效率及质量。而财务机器人的应用则能够有效解决上述瓶颈。总体来说，财务机器人在企业财务活动中应用的具体价值有以下三点。

1. 优化财务活动流程管理

财务机器人的流程管控能力强，发挥其可视性高、可访问性强等特点，能够让相关管

理工作人员以管理终端为媒介，实现对财务机器人的实时监控和分配管理，进一步保证财务活动流程管理的精准性。与此同时，利用财务机器人，可使其工作流程模块化的功能有效展现出来，通过在企业财务业务流程中采用自动执行命令的方式，将取代传统人工操作模式，进一步使企业财务活动流程优化的目标得到有效实现。

2. 提高企业财务业务处理效率

在企业财务活动工作开展期间，对于传统人工操作而言，难以适应高强度的作业方式，但财务机器人则能够进行 7 天×24 小时作业，在不间断重复性工作效率方面显著提高，进而使企业财务业务处理效率大幅提高。

3. 控制系统维护升级成本，使业务系统之间实现互联互通

对于财务机器人的维护升级成本来说，与财务信息系统相比明显更低，进而能够有效控制系统维护升级成本。并且，财务机器人具备鲜明的自动化特点，整体业务流程操作可自动化进行，使人工造成的失误得到有效避免，并且可以使业务系统之间实现互联互通，详细、完整地记录在业务过程中的相关信息数据，为企业财务业务活动风险的降低及风险源头的追溯提供有力支持。

五、财务机器人流程自动化的应用措施

（一）结合 AI 技术为 RPA 的有效运用赋能

AI 与 RPA 之间既有区别，也有联系，很多人会混淆这两者，认为 RPA 就是人工智能，其实不然。简单来说，RPA 就是替代人工进行一些机械化、重复性的操作，缺乏判断、认知能力，而 AI 具有推理、分析、预测、决策、深度学习的能力，其算法机制要比 RPA 更高级、更复杂。如果把 RPA 比作神经网络，那么 AI 更像大脑，由 AI 发布指令，RPA 执行指令，可以实现神经网络与智能算法的有机结合，确保应用程序运行的科学化、数字化、智能化，而有了 AI 的智能算法和分析、决策、推理等能力，即使在程序应用过程中出现“异常事件”，也能随机应变地进行处理。企业要想提高财务管理的效率，光靠 RPA 技术是难以实现的，还必须融入智能 AI 算法，科学引入决策支持系统思想，完善财务自动化流程。由此可见，AI 与 RPA 的深度融合是大势所趋，是创新应用的重要举措，是企业数字化转型的抓手。从“劳动密集型”向“AI 密集型”转型，推动生产模式与业务流程实现颠覆式创新升级。目前，在财务机器人的自动化处理流程中，AI 技术得到了广泛应用，如扫描与识别（OCR）、文字检索与分类（NLP）及分析与决策（ML）等技术。

（二）构建稳定的应用环境

RPA 技术能够在业务处理的过程中实现流程自动化，体现了其流程固定、规则既定的

特征。创设稳定的应用环境是确保RPA财务机器人高水准、高效率运转的前提条件，也是降低营运维护成本的主要途径。一方面，要在软硬件上提供支撑，及时配备或更新相关软件设备，提升运行速度，优化网络环境，构建运行环境测试中心和控制台等部门，并合理设置应用权限，做好重要信息的保全措施，防止数据遗漏、泄露，增强数据与信息的安全性；另一方面，要加强财务人员综合能力的培训，制定财务机器人使用手册，培养财务人员RPA与人工智能技术的应用能力，使他们掌握操作原理、程序流程、应用场景等。

（三）及时跟踪优化机制

应市场经济发展的需求，企业的经营方式、内外部环境和业务处理流程也时常会进行调整，而基于既定规则实现流程自动化的RPA技术只适用于标准化程度较高的处理程序。为了保证财务机器人的高效应用，运行人员要及时记录和跟踪“异常事件”检测报告，完善基于RPA技术的相关软件运行风险预警机制，针对现有的问题调整应用流程设计和既定规则，重新部署和优化运行机制，制定有效的应对措施。另外，企业要对财务机器人的运行过程实施精细化管理，提高对企业的适配性，创新更多的应用场景，满足企业业务调整的各项需求，推进企业财务管理模式向数字化转型。

六、财务机器人在企业财务活动中应用的优化策略

结合上述分析，对财务机器人在企业财务活动中的具体应用要点有了深入的了解。而从企业财务活动效益提升角度分析，还需掌握财务机器人在其中应用的具体优化策略。

（一）加强财务机器人软件设施维护

在财务机器人运营过程中，软件工具能够发挥出显著的作用。在软件控制的基础上，能够在软件中将辅助核算编码与分录摘要编码规则制定出来。由此可见，做好相关软件工具的日常维护、控制工作，能够使软件突发性故障的发生得到有效避免。但需要注意的是，财务机器人与人工操作相比，具备数据录入准确性高、人力成本低的双重优势。一方面，基于数据准确性方面分析，由财务机器人接收准确、完整的信息数据后，能够保证自动录入准确率完全达标。但是，由于特定指令为财务机器人批量操作的关键，倘若在运行过程中出现错误指令的状况，则财务机器人在运行过程中会把错误指令传至企业，使企业造成一定程度的财务信息损失及经济损失。另一方面，基于人力成本降低层面分析，财务机器人可以进行7天×24小时作业模式，使人工成本得到有效降低。然而，在长时间不间断工作模式下，易导致计算机硬件使用寿命缩短，使计算机软件的正常、稳定运行受到一定程度的影响。针对这些情况，从企业角度分析，便需投入充足的资源，包括人力、物力、财力三个方面的资源，并做好财务机器人软件工具、计算机硬件设施的日常维护作业，通过构建健全的《软件工具维护日志》，使计算机软件的日常维护能够有据可依。此

外，在财务机器人软件设施维护活动开展期间，需加强财务部门与IT部门之间的沟通协作，以此使财务机器人软件设施维护工作的效率及质量得到大幅度提高。

（二）做好运营阶段反馈信息收集工作

在现代科学技术逐步进步及发展的大背景下，如人工智能、大数据、移动互联网等技术越来越成熟。对于企业而言，在财务活动开展期间，则需重视财务机器人的应用，并利用合理的现代化科学技术，使财务机器人运行得到有效改进。其中，在企业财务机器人优化过程中，收集运营阶段的反馈信息是非常重要的一项工作。为了做好运营阶段反馈信息收集工作，企业业务工作人员需对企业战略目标的变化进行详细了解，同时了解企业业务领域的扩展情况，然后以企业业务流程为依据，结合企业财务处理流程及相关法律法规等，使企业账务处理工作的开展能够有据可依。同时，企业IT工作人员需向相关部门反馈存在局限性的软件工具，并由相关部门及时改进，使软件工具对财务运营的影响得到最大化降低。

此外，企业管理工作人员需重视企业内部问题反馈机制的健全，在构建健全的《运营阶段问题日志》基础上，详细收录相关工作人员反馈的问题，相关问题通过项目负责人复核之后，由管理层进行商议，并做出最终的决策，以此使运营阶段反馈信息收集工作的效率及质量得到全面提升。当然，还有必要以反馈结果为依据，对财务机器人配置进行优化调整，进而使财务机器人在财务活动中的应用价值得到最大化的发挥。

参考文献

[1] 陈艳萍．关于电力企业财务会计工作创新的探讨［N］．财会信报，2023-07-24（005）．

[2] 崔雪莹．企业财务会计与管理会计融合研究［J］．合作经济与科技，2024（02）：154-156.

[3] 邓丽娜．“互联网+”背景下企业财务会计创新研究［J］．商场现代化，2023（18）：147-149.

[4] 段介夫，姜丹丹．“互联网+”经济条件下的企业财务会计创新问题初探［J］．商场现代化，2019（13）：162-163.

[5] 何万江．现代企业财务会计与管理会计的融合路径［J］．现代企业，2023（10）：173-175.

[6] 胡蓉．企业财务会计中不确定性的问题及对策研究［J］．经济师，2023（11）：86-87.

[7] 贾娇．“互联网+”背景下的企业财务会计创新路径分析［J］．商场现代化，2021（15）：181-183.

[8] 李姣．思想政治教育视域下提升大学生的网络媒介素养［J］．学园，2023，16（33）：8-10.

[9] 李盛林．基于新常态经济环境的企业财务会计创新研究［J］．全国流通经济，2021（20）：166-168.

[10] 李晓光．企业财务会计向管理会计转型的思考［J］．中小企业管理与科技，2023（17）：194-196.

[11] 李妍．企业财务会计在会展行业中的资金运作与管理［J］．中国会展（中国会议），2023（18）：82-84.

[12] 梁少芬．企业财务会计内控管理机制的构建对策研究［J］．营销界，2023（18）：98-100.

[13] 刘文，余程．新经济环境下企业财务会计创新方法分析［J］．商业观察，2020（01）：110-111.

［14］刘晓莉．企业财务会计中集中核算问题与对策探究［J］．中国市场，2023（27）：142-145.

［15］刘言昭．现代企业财务会计创新探讨［J］．财经界，2018（12）：108.

［16］栾会燕，林鑫．信息化背景下企业财务会计工作流程优化的思考［J］．老字号品牌营销，2023（17）：126-128.

［17］宁俊，何琳．企业财务会计向管理会计转型的思考［J］．经济师，2023（10）：78-79.

［18］潘瑛．“互联网+”背景下的企业财务会计创新路径分析［J］．大众投资指南，2023（15）：119-121.

［19］彭菲．大数据背景下中小企业财务会计创新路径探索［J］．营销界，2023（04）：38-40.

［20］秦艺航．基于“互联网+”背景创新企业财务会计［J］．老字号品牌营销，2022（17）：147-149.

［21］盛亦晨．企业财务会计中的集中核算问题分析［J］．财会学习，2023（29）:95-97.

［22］孙远林．新时期如何加强企业财务会计工作的创新管理［J］．中国集体经济，2021（10）：157-158.

［23］汤晓熙．对创新互联网企业财务会计的策略探讨［J］．中国集体经济，2017（33）：99-100.

［24］王飞．基于“互联网+”背景创新企业财务会计研究［J］．中国物流与采购，2023（10）：85-86.

［25］王丰．大数据背景下企业财务会计的创新路径探讨［J］．中小企业管理与科技，2022（17）：136-138.

［26］王桂英．新时期如何加强企业财务会计工作的创新管理［J］．中国集体经济，2022（31）：151-153.

［27］王建新．“互联网+”时代背景下企业财务会计创新策略分析［J］．商业2.0，2023（04）：77-79.

［28］王续璋，谭境佳．“互联网+”背景下企业财务会计创新［J］．纳税，2018（11）：182.

［29］王玉明．网络环境下的企业财务会计管理创新探究［J］．中国总会计师，2021（09）：48-49.

［30］文莉娟．人工智能下企业财务会计向管理会计转型［J］．经济师，2023（11）：107+110.

[31] 徐晶．新时期如何加强企业财务会计工作的创新管理［J］．纳税，2021，15（16）：137-138.

[32] 许梓华，陈秋梅，伍剑婷．大数据时代企业财务会计的创新策略探讨［J］．企业改革与管理，2022（06）：105-107.

[33] 杨园园．人工智能对企业财务会计的影响分析［J］．中国农业会计，2023，33（24）：12-14.

[34] 张帆．加强企业财务会计工作创新管理的探讨［J］．纳税，2021，15（35）：104-106.

[35] 赵旺圣．新形势下国有企业财务会计与管理会计创新融合探讨［J］．商场现代化，2022（13）：166-168.

[36] 郑伟丽．大数据背景下中小企业财务会计创新路径探索［J］．财富生活，2021（24）：151-153.

[37] 周艳锋．企业财务会计管理工作提质增效的路径［J］．市场瞭望，2023（19）：45-47.

[38] 朱坤福．企业财务会计与全面预算管理的结合措施探讨［J］．中国物流与采购，2023（20）：69-70.

[39] 朱芸芸．企业财务会计核算体系规范化路径探析［J］．投资与创业，2023，34（18）：89-91.